中国物流专家专著系列·2016
ZHONGGUO WULIU ZHUANJIA ZHUANZHU XILIE

社会物流成本核算

汪芸芳　陈丽华◎著

中国财富出版社

图书在版编目（CIP）数据

社会物流成本核算／汪芸芳，陈丽华著．—北京：中国财富出版社，2016.8
（中国物流专家专著系列．2016）
ISBN 978-7-5047-6145-3

Ⅰ.①社…　Ⅱ.①汪…②陈…　Ⅲ.①物流—成本计算　Ⅳ.①F253.7

中国版本图书馆 CIP 数据核字（2016）第 108061 号

策划编辑 张　茜　　**责任编辑** 禹　冰
责任印制 何崇杭　　**责任校对** 梁　凡　张营营　　**责任发行** 斯　琴

出版发行 中国财富出版社
社　　址 北京市丰台区南四环西路 188 号 5 区 20 楼　**邮政编码** 100070
电　　话 010-52227568（发行部）　010-52227588 转 307（总编室）
010-68589540（读者服务部）　010-52227588 转 305（质检部）
网　　址 http：//www.cfpress.com.cn
经　　销 新华书店
印　　刷 北京京都六环印刷厂
书　　号 ISBN 978-7-5047-6145-3/F·2594
开　　本 710mm×1000mm　1/16　　**版　　次** 2016 年 8 月第 1 版
印　　张 10　　**印　　次** 2016 年 8 月第 1 次印刷
字　　数 174 千字　　**定　　价** 30.00 元

内容提要

本书通过对国内外物流成本管理现状进行分析，并与欧美日物流成本管理、核算和控制进行比较研究，对我国物流成本管理、核算和控制进行思考并提出发展建议。具体内容安排如下。

第一章论述了本书的研究背景、研究目的和研究意义，论述了社会物流成本的国内外研究现状和本书整体的研究方法和技术路线。

第二章研究了社会物流成本的核算，比较了中美两国的运输成本、仓储成本及管理成本的核算方法，依据中国统计局、美国交通局及世界银行的数据，对运输成本、仓储成本及管理成本核算方法中的指标进行了多年中美数据的比较。

第三章通过中国各产业社会物流总额与各产业增加值的比值，确定中国分产业社会物流需求系数，并用此系数核算美国社会物流总额的参考值，对中美运输成本及管理成本进行比较。

第四章依据中美物流成本指标比较值及核算方法，对中国运输设施、管理水平、产业构成、单位运价等因素进行了情景模拟，指出中国社会物流成本与 GDP 比率中各影响因素的构成，并分析了改进空间。

第五章对世界各国的物流环境影响因素进行了指标分析及权重确定，分析了多国物流环境影响因素及综合指数，运用世界银行历年数据形成了社会物流综合指数对多国社会物流环境进行了比较。

第六章运用 Vague 集（对模糊集的扩展）理论对世界上多个国家的物流环境进行了分析，通过建立基于 Vague 集的指标评价体系，改进了针对多国物流环境的研究方法。

第七章通过上述社会物流成本的研究结果，对我国社会物流环境可改进的方向提出了参考性的意见和建议。

内容提要

[illegible]

[illegible]

[illegible]

[illegible]

[illegible]

[illegible]

[illegible]

前　　言

社会物流成本与国民生产总值（GDP）的比率是衡量一个国家物流发展水平的重要指标之一。本书从中国社会物流成本的核算方法着手，对比了中美等国家的社会物流成本核算方法，并对中美社会物流成本构成因素进行了分析。重点研究了社会物流成本对中国和美国物流业及宏观经济的影响，进而建立了社会物流环境影响因素评价体系，对世界多个国家地区的社会物流环境进行了分析研究。

本书是在作者博士后出站报告的基础上扩展而成的，并且是在博士后合作导师陈丽华教授自始至终的精心指导和亲切关怀下完成的。博士后期间，从博士后课题的选题到方案的制订，陈教授都给予了极大的关注，随时掌握课题的进展状况并及时进行阶段总结，并给出了许多宝贵意见和建议，这些意见和建议有力地推动了本书的完成。博士后工作期间，导师渊博的学识、敏锐的思维、积极的人生态度都给我以莫大的影响。值此本书写就之际，谨向陈教授致以衷心的感谢和崇高的敬意。

同时，感谢王其文教授在课题完成过程中给予的帮助。王其文教授扎实的理论功底和缜密的治学态度是我以后学习的目标，他在课题中的丰富经验以及对学生的热情指导使我终生难忘。王其文教授给予的课题数据和方法设计对本书的最终完成起了极大作用。

本书借鉴了相关领域较为新近的权威的政府文件与研究报告，对于其中涉及的社会物流成本的理论与方法等内容，本着为从事该领域专题研究的读者提供一些方便的目的，在参考文献一栏中予以收录。书中如有纰漏之处，恳请赐教、指正。

北京物资学院 物流学院　汪芸芳

2016 年 2 月

前　言

CONTENTS 目录

1　绪论

1.1　研究背景、目的和意义

随着我国经济的发展、产业结构的调整、产业升级的需要，物流业将在我国国民经济中占有重要地位。我国改革开放三十多年来经济飞速发展，同时物流业也伴随着管理方式粗放、物流运输集约化程度不高的特点。随着我国经济进入“新常态”，物流业发展同样面临新的机遇和挑战。如何在“互联网 +”时代依托大数据（Big Data）、云计算（Cloud Computing）在物流、流通领域的广泛应用，使中国从物流大国走向物流强国是我们要解决的问题。

2014 年 9 月 12 日，国务院印发《物流业发展中长期规划（2014—2020 年）》（国发〔2014〕42 号）。《物流业发展中长期规划（2014—2020 年）》中指出，到 2020 年基本建立布局合理、技术先进、便捷高效、绿色环保、安全有序的现代物流服务体系。物流成本占 GDP 的比重已经成为衡量一个国家物流业发展水平的重要指标。但由于各国物流成本核算方法不同，很难单纯地从各国发布的物流成本占 GDP 的比重来衡量和比较各国物流业发展水平的差异，因为影响物流成本的因素不仅包括物流管理水平，还包括产业结构的原因、核算数据及方法的原因等。

近些年来，我国物流成本管理研究与实践取得了一定的成绩，但是与发达国家物流成本管理、核算和控制相比，还存在很大的差距。因此，从多角度探究我国物流成本发展与世界其他主要国家物流发展的差距就显得格外重要。

本书在此基础上对中美物流成本及世界其他国家社会物流影响因素进行了比较，对中国降低社会物流成本、改善物流环境提出了一些参考性意见。

1.2 国内外研究现状

1.2.1 国内研究现状

1. 物流及物流成本理论概述

中国国家标准《物流术语》中，对物流下的定义是："物品从供应地向接收地的实体流动过程中，根据实际需要，将运输、储存、装卸、搬运、包装、流通加工、配送、信息处理等基本功能实施有机结合。"

我国2006年12月22日发布的中华人民共和国国家标准《物流术语》(GB/T 18354—2006)修订版中将物流成本定义为"物流活动中所消耗的物化劳动和活劳动的货币表现"，即产品在实物运动过程中，如包装、运输、储存、流通加工、物流信息等各个环节所支出的人力、物力和财力的总和就是物流成本。

以上物流术语清晰地界定了我国物流的定义：物流不仅仅包括"物的流动"，还包含物流活动中包装、运输、储存、流通加工、物流信息等各个环节。因此物流成本的核算也需要将这些成本计算进去。

2. 中国物流发展现状和影响因素

近年来，伴随着中国制造产业的升级，物流需求快速释放，我国现代物流迅速发展。物流业务发展正在由生产、销售环节向采购环节迅速扩展，部分企业开始向回收（循环）物流发展。

由于物流成本发生于包括采购、生产、销售各环节在内的生产经营全过程，只有对所有环节的物流成本进行有效的控制，才能使企业在物流规模一定的情况下达到物流总成本最低、物流效率最优。

在一体化物流管理模式下，物流的本质是以满足消费者的需求为目标，把采购、制造、运输、销售等市场情况统一起来考虑的一种战略措施，通过信息存储、运输、存货、仓储、装卸搬运和包装等现代物流手段按尽可能低的成本，将产品在各级流通节点之间传送。从我们的调查情况看，目前已经有一些制造行业的物流发展的目标开始由加快销售、降低销售成本，向整体优化、提高企业效率、降低整体物流成本转变，这充分说明制造业企业物流管理理念在提升，这对于推进我国制造业现代物流向前发展，改造升级传统制造业具有重要意义。

同时，我国物流发展的行业特征越来越明显，精细化、专业化的趋势开始显现。物流业由粗放的物流管理向精细化、专业化管理转变的趋势明显加快，物流发展的行业特征越来越明显。事实上，还有很多企业正在根据本行业的特征和市场需求来改造和构建自身的物流管理体系，这进一步推动了制造业物流加快由粗放式管理向精细化、专业化物流管理转变。

我国的制造业企业普遍拥有一定的物流基础设施，且内资企业平均规模远大于外资企业。这是由于长期以来我国传统制造业受“大而全”“小而全”的观念影响，在物流管理和运作上习惯于自成体系、自我服务，集中表现为集约化程度较低，内部物流基础设施规模较大。

制造企业普遍拥有一定物流基础设施说明，我国发展制造业物流要走中国特色的道路，不能盲目学习国外发达国家整体外包物流业务的经营战略。中国发展制造业物流，必须结合现有制造业发展现实，充分利用现有物流基础设施，实现物流资源的最优配置。

目前，我国制造业企业的物流呈现出外包业务增加、专业化程度提高、制造业企业与物流企业联合趋势明显的特点。

制造业企业物流外包表现出来的特点是：物流业务外包增加、专业化程度提高，但物流业务整体外包较少，运输外包比重较大。目前，制造企业和物流企业实现战略合作、资源共享已经形成一种有利趋势。

同时，制造业企业的物流信息化认识明显提高，在制造业企业物流中发挥着越来越关键的作用。物流信息化就是利用信息技术整合物流业务流程与物流资源，实现信息标准化和数据库管理、信息传递和信息收集电子化、业务流程电子化，进而实现规模化经营、网络化运作管理的过程。

物流信息化整合了制造业资源，促进了制造企业供应链各环节之间协调运行，减少了“牛鞭效应”，提高了物流系统的快速反应能力，改善了物流系统的时空效应，节约了物流成本。物流信息化是提升我国制造业物流现代化水平，实现跨越式发展的核心途径。推动物流信息化，对于促进我国物流的发展，提高国民经济运行的质量和效率，具有重要意义。

3. 社会物流成本研究基础

从物流成本的定义我们可以看出，物流影响着国民经济的方方面面，良好的物流业可以作为国民经济的有力支撑。许多学者就此问题做出研究，提出了自己的观点和看法。

乔丽认为产业结构水平的主体影响着物流的消耗程度，产业结构的优化升级能够使物流需求在量、质、结构方面发生明显的改变。

公路、铁路等基础设施建设影响着物流运输的成本。部分学者认为不能单纯依据社会物流成本占 GDP 的比重来判断一个国家或地区物流发展水平的高低，物流成本占 GDP 的比值与其自身的产业结构、经济发展水平等相关，如果要利用这一比值进行对比，那么前提应该保证外部环境处于同一发展水平上。

因为我国第二产业占 GDP 比重较大，因此社会物流成本占 GDP 比率高符合当前我国产业发展结构现状。袁晓霞、刘宏伟从产业角度解析了我国社会物流总成本，认为按照产业来核算社会物流总成本，应该为第一产业产生的物流成本、第二产业产生的物流成本和第三产业不包括在第一、第二产业内的那部分物流成本之和，具体核算公式应该为：$S=A+B+H+F2$，即 $S=A+B+C2$，而不是简单地将第一、第二、第三产业的物流成本相加，那样会导致我国的社会物流总成本虚高，不利于国家对社会物流成本的控制、分析和社会经济的平稳发展。

其中，A 为第一产业物流成本；B 为第二产业物流成本；如果进出口的是工业（包括采掘业、制造业、自来水、电力、蒸汽、热水、煤气）和建筑业的原材料和半成品，这部分产生的物流成本为 $F2$；H 为单位与居民物品物流成本。

4. 中国社会物流成本的发展趋势

依据《中国物流年鉴 2015》中物流统计部分《重视统计数据——揭示物流发展规律》的研究表示：我国经济运行中的社会物流成本与 GDP 的比率，相比发达国家虽然偏高，但是物流成本的变化具有内在的规律，与一国的经济发展进程相一致，不能脱离宏观经济的发展水平孤立地看待物流成本偏高的问题。

物流成本由高到低会经历四个阶段，第一阶段为经济短缺时代的物流成本上升阶段。物流发展的主要目标不是降低成本，而是帮助工商企业扩大销售规模，因此这一阶段物流成本与 GDP 的比率是不断上升的。美国 20 世纪 60 年代到 70 年代，社会物流成本与 GDP 的比率在 17% 以上。我国社会物流总费用与 GDP 的比率在 20 世纪 90 年代达到 24%。

第二阶段是经济过剩时期，社会物流成本与 GDP 的比率进入高位平台期。

我国自2000年以来，社会物流成本与GDP比率有所下降，但是下降缓慢，在产能过剩矛盾较为突出的阶段，社会物流成本与GDP的比率进入平台期，保持在18%左右。

第三阶段是经济转型时期，物流成本快速下降。由于经济结构调整，物流规模增速回落，经济发展由速度型转为质量型，物流成本会出现快速下降。20世纪80年代，美国以信息技术为核心和支撑，调整产业结构，发展第三产业，物流成本水平进入下降阶段，社会物流成本与GDP的比率降低至17%左右。

第四阶段是经济转型后阶段，物流成本保持在较低水平。近年来，美国第三产业增加值与GDP的比重在70%以上，社会物流成本与GDP的比率稳定在9%的较低水平。因此过去十年，我国处在经济过剩时期，物流成本与GDP的比率处于平台高位期是正常现象。

本书认为物流成本的影响包含产业结构、产业内部结构、基础设施水平和经济发展水平等因素。随着我国物流业的发展与供应链效率的提升，我国的物流成本会逐步降低，但运输成本依然作为社会物流成本的重要组成部分，管理成本和仓储成本会随着技术的引进、消化和吸收逐步降低。

1.2.2　国外研究现状

1. 美国物流发展概述

目前，物流的权威定义来源于美国物流管理协会。该协会认为："物流是供应链流程的一部分，是为了满足客户需求而对商品、服务及相关信息从原产地到消费地的追求高效率、高效益的正向和反向流动及储存进行的计划、实施与控制过程。"

这个定义表明物流管理所涉及的产品流从产地的原材料开始到产品使用地，然后最终被抛弃的整个过程。物流管理不仅关注实物流，还关注服务流，在服务领域物流有很多改进的机会。这个定义还表明物流是一个流程，物流定义包括在客户期望的时间、地点影响能提供商品或服务的所有活动。

20世纪70年代末，美国物流活动的经营环境发生了巨大的变化，特别是80年代前后掀起的放松管制浪潮，为物流产业的迅速发展提供了广阔的空间。首先是1977—1978年《航空规制缓和法》的制定拉开了规制缓和的序幕，加速了航空产业的竞争，从而对货主和运输产生了巨大影响。紧接着1980年通过了《汽车运输法案》和《铁路法案》，根据这两项法案，运输公司可以灵活决定运费和服务。到1984年随着《海运法案》的通过，运输市场已全面实现了自由化，这一系列规制缓和不仅带来了运输业的激烈竞争，而且由于运费的决定、运输路线、运送计划等自由度的增加，使物流业者能够真正满足顾客需求，并实现与其他公司在物流服务上的差别化。对于货主来讲，可以从发货地到目的地之间自由选择、组合交通工具，实现联合运输。

在物流管理理论上，这一时期随着MRP（物料需求计划）、MRPⅡ、MRPⅢ、DRP（分销资源计划）、DRPⅡ、看板制以及“Just in Time（准时制生产）”等先进管理方法的创新和在物流管理中的运用，使人们逐渐认识到需要从流通生产的全过程来把握物流管理，而计算机等现代科技的发展，为物流全面管理提供了物质基础和技术手段。1984年，哥拉罕姆·西尔曼（Graham Scharmann）在《哈佛商业评论》上发表了题为“物流的重大影响”一文，物流所具有的战略意义得到企业高层管理人员的充分重视。最具有历史意义的是1985年美国物流管理协会（原国家实物配送管理委员会）正式将名称National Council of Physical Distribution Management改为National Council of Logistics Management，标志着现代物流观念的确立，以及对物流战略管理的统一化。

20世纪80年代中期以后，随着人们对物流管理认识的提高，经济环境、产业结构变化和科学技术的迅猛发展，物流理论和实践开始向纵深发展。在理论上，人们越来越清楚地认识到物流与经营、生产紧密相连，它已成为支撑企业竞争力的三大支柱之一。1985年，威廉姆·哈里斯（Harris William D.）和斯托克·吉姆斯（James R. Stock）在密歇根州立大学发表了题目为“市场营销与物流的再结合——历史与未来的展望”的演讲，他们指出：“从历史上看，物流近代化的标志之一是商流与物流的分离，但是随着1965年以西蒙（Simon Leonard S.）为代表的顾客服务研究的兴起，在近20年的顾客服务研究中，人们逐渐从理论和实践上认识到现代物流活动对于创造需求具有相当重要的作用。因此，在这一认识条件下，如果再像原来那样制定的营销组合仅仅是产品、价格、促销、渠道等战略，而将物流排除在外，显然不适应时代的发展。因此，非常有必要强调营销与物流的再结合。”这一理论对现代物流的本质给予了高度总结，也推动了物流顾客服务战略及供应链管理战略的研究。

从物流实践来看，20 世纪 80 年代后期，电子计算机技术和物流软件发展的日益加快，更加推动了现代物流实践的发展，其中的代表是 EDI（电子数据交换）的运用与专家系统的利用。EDI 是计算机之间不需要任何书面信息媒介或人工的介入，是一种结构化、标准化的信息传递方法。这种信息传递不仅提高了传递效率和信息的正确性，而且带来了交易方式的变革，为物流纵深化发展带来了契机。此外，专家系统的推广也为物流管理提高了整体效率，现代物流为了保障效率和效果，一方面通过 POS（销售时点）系统、条码、EDI 等收集和传递信息，另一方面利用专家系统使物流战略决策实现优化，从而共同提升商品附加价值。

值得特别指出的是，作为物流的一项重要内容和推动运输物流发展的政府政策，美国运输部长罗德纳·斯拉特（Rodney E. Slater）提出了《美国运输部 1997—2002 财政年度战略规划》，成为美国物流现代化发展的指南之一。他在提出此规划时指出，这个规划反映了当时克林顿政府的长期主张，即运输不再只是水泥、沥青和钢铁。最大的挑战是建立一个以国际为所及范围、以多种运输方式的联合运输为形式、以智能为特性，并将自然包含在内的运输系统。

美国作为物流理念的发源地，其物流研究、设计和技术开发一直处于世界前沿，有十分成熟的物流管理经验和发达的现代物流。特别是商贸流通和生产制造企业十分重视现代物流能力的开发。从 20 世纪 50 年代物流发展初期的“实物配送”（Physical Distribution）阶段，到 20 世纪 80 年代的“物流”（Logistics）阶段，再到当今的“供应链管理”阶段（Supply Chain Management），一直将物流战略作为企业商务战略的核心组成部分予以高度重视，因此物流理念在企业广为普及。对物流设施的建设，主要指仓库和分销中心，也可以说配送中心（Distribution Center）以及零售店等，也是企业根据自身物流战略而规划选址并进行建设。相对来说，政府在推动物流发展方面的作用比较小，这与美国“自由经济”和城市布局特点等国情是相符合的。

2. 欧洲物流发展概述

在研究欧洲物流发展问题时，本节先以英国作为欧洲的代表性国家进行分析，在后续的章节中也分析了欧洲其他国家的物流发展现状。

20 世纪 60 年代末期，英国组建了物流管理中心（CPDM）。开始以工业企业高级顾问委员会形式出现，协助企业制订物流人才的培训计划，组织各类物流专业性的会议。到 20 世纪 70 年代后期，形势发展迫切需要建立一种专职的管理机构，于是物流协会便应运而生，日常事务仍由管理中心负责办理，并正式加入全英国管理协会。英国物流协会会员多半是从事出口业务、物资流通、运输的管理人员。该协会积极筹办巡回讲座，以提高物流管理的专业化程度，并为运输、装卸等部门管理者和其他对物资流通有兴趣的人员提供一个相互交流的中心场所。该协会创办发行的《物流管理研究》和《运输管理》，积极报道物流业的信息，交流物流学术研究成果，为英国物流管理的建设与发展做出了积极贡献。

在物流业务建设方面，英国一直致力于发展综合性的物流体制，全面规划物资的流通业务，强调为用户提供综合性的服务。物流企业不仅向用户提供和联系铁路、公路、水运、空运等交通运输工具，而且向用户出租仓库并提供其他的配套服务。综合物流中心向社会提供以下几类服务：建立配送中心、办理海关手续、提供保税和非保税仓库、货物担保、医疗服务、消防设备、道路和建筑物的维护、铁路专用线、邮政电传系统、代办税收、就业登记，以及具有吃、住、购物等多种功能的服务中心等。英国多功能综合物流中心的建立对整个欧洲影响很大。当时英国面临的主要问题是确立和建立为伦敦和中西部地区服务的物流网点布局。但不管困难多大，综合物流业务的展开为英国物流业的繁荣产生了积极的推动作用。

英国 1973 年加入欧洲共同体后，“共同运输政策”对英国物流的现代化建设影响很大，例如英国货运卡车最大载重吨位规定为 32. 5t，而共同体规定为 44t。尽管英国已接受 40t 作为上限，但却规定了特别的行车路线。这是由于货运卡车对社会环境及自然环境影响很大，对各种古建筑有震动作用，排放大量废气污染大气等。共同体的运输政策还限定连续驾驶时数，规定司机一天最多只能驾驶 8 小时，连续驾驶 4 小时必须休息半小时。

英国在物流行业大力推广计算机技术，从计算机应用于运输规划和库存控制算起，在英国已有多年历史了。如计算机辅助仓库设计、仓库业务的计算机处理等，为物流业务的现代化揭开了新的一页。

3. 日本物流发展概述

日本的物流业非常发达。汉字“物流”一词起源于日本。作为现代物流发展后起之秀的日本，自从 1963 年从美国引进“物流”概念后，即开始受到企业和政府的高度重视。1970 年分别成立了日本物流管理协会（Japan Logistics Management Association，JLA）和日本物流管理委员会（Japanese Council of Logistics Management，JCLM），1992 年 6 月 10 日两个组织合并设立日本物流系统协会（Japan Institute of Logistics Systems，JILS），以突出“物流系统”观念，强调从社会角度构筑人性化物流环境，体现可持续发展的理念，延伸内容至与物流相关的交通系统等领域，突出物流作为社会功能（Social Function）系统对循环型社会发展的贡献。这在很大程度上超越了企业的行为空间，因此政府在整个物流发展方面的推动作用十分显著，规划引导力度较大。

日本物流企业最重要的设施就是仓库，商品生产和销售企业一般没有自己的货物仓库，就连全日铁这样特大型钢铁企业的货物都放在物流公司。不少物流公司的仓库很先进，如山九物流公司在横滨有一个七层楼的仓库，货物装卸全部实现机械化，并且设有恒温仓库。楼内有大型卡车道，载重 30t、40ft 的集装箱卡车可以从一楼开到七楼，每层楼有一条四车道、长 100m 的汽车道，卡车可在汽车道上装货或卸货。日本道路货物运输企业 99% 是中小企业，全国营运货车有近 10 万台（主要是大型卡车），它们大多数依附于一个或几个物流公司，为物流公司运货，货运企业一般不自行组织货源，货运车型主要有集装箱运输车辆和厢式运输车辆。1997 年 4 月，日本政府出台了第一份物流策略方面的政策文件，即《综合物流施政大纲》，提出在 2001 年前各相关政府部门协调一致，共同完成三大目标：一是向亚洲、太平洋地区提供最便利和高度魅力的物流服务；二是以不妨碍产业布局和竞争力为前提，降低成本，提供物流服务；三是解决好与物流相关的能源、环境以及交通安全问题。通过几年努力，在三大目标取得一定进展的基础上，2001 年 7 月 6 日日本国会又通过了《新综合物流施政大纲》，提出如何加强国际竞争力，适应世界经济一体化新形势；如何加强环保，构筑循环型社会；如何开发现代信息技术，促进物流事业发展；如何发展物流业，满足国民的需求以及与国民生活相和谐四个问题，确定了此后五年的奋斗目标，即创建符合日本经济社会要求的新物流体系，从提供不亚于国际水平的物流服务目标出发，全方位推进各项施政措施。在物流方面，包括物流成本在内，将构筑具有国际竞争力的物流市场，同时，为了解决日益严重的环境污染等社会问题，满足国民日益增长的物流需求，政府要在提高物流效率，提供方便、快捷的物流服务方面狠下功夫，努力创建一个能减轻环境负担的新的物流体系和可循环型的新社会。

发达的物流是日本第二次世界大战后迅速崛起的重要因素。日本物流管理的发展可以分为四个阶段，各阶段分别代表了不同的管理观念与技术手段的发展。

第一阶段，物流概念的导入和形成期（1956—1964 年）。日本的企业界和政府为了提高产业劳动率，组织了各种专业考察团到国外考察学习，公开发表了详细的考察报告，全面推动了日本生产经营管理的发展。具体来看，自 1956 年日本流通技术考察团考察美国开始引入物流概念后，1958 年 6 月又组织了流通技术国内考察团对日本国内的物流状况进行了调查，这大大推动了日本物流的研究。在 1961—1963 年上半年，日本将物流活动和管理称为 PD（Physical Distribution，PD）。到 1963 年下半年，“物的流通”一词开始登场，日通综合研究所 1964 年 6 月期《输送展望》杂志中刊登了日通综合研究所所长金谷漳的《物的流通的新动向》演讲稿，正式运用“物的流通”概念来取代原来直接从英语中引用过来的 PD，在物流概念导入日本的过程中，物流已被认为是一种综合行为，即各种活动的综合体，也就是说既理解为商品从生产到消费的流通过程，又被认为是流通过程各种活动中物理商品的取汲活动。因此，“物的流通”一词包含了运输、配送、装卸、保管、在库管理、包装、流通加工和信息传输等各种活动。

第二阶段，物流近代化时期（1965—1975 年）。日本政府开始在全国范围内开展高速道路网、港湾设施、流通聚集地等各种基础建设。与此同时，各厂商也开始高度重视物流，并积极投资物流体系的建设。一方面，随着物流概念的传播和形成，各企业都建立了相应的专业部门，积极推进物流基础建设。这种基础建设的目的在于构筑与大量生产、销售相适应的物流设施，主要是随营业规模的扩大增设物流中心，以及确保大量输送手段等充实物流硬件。另一方面，如果说此前日本的物流可以用人工装卸来形容物流低级化的话，那么进入近代化的大量生产、大量销售时代，为了解决仓库不足、出入库时间长、货车运输欠缺、大量生产的产品无法顺利流向市场等问题，开始广泛推广货台、铲车等装卸机械化，导入自动仓库，灵活运用货台和集装箱，开展单位货物装卸系统等。同时，物流中心、中央物流中心等各种物流管理系统也不断增加。此外，这一时期的日本也在积极推行物流联网系统，开发 VSP（车辆安排程序方法，Vehicle Scheduing Program）、配车系统等物流软件。

第三阶段，物流合理化时期（1974—1984 年）。首先，这一阶段担当物流合理化作用的物流专业部门开始登上了企业管理的舞台，从而真正从系统整体的视角来开展降低物流成本的行动。此外，这一时期物流子公司也开始兴起。在实践上，这一时期对应于理论发展，开始大范围地设立合理化工程小组，实行物流活动中的质量管理。在推进物流合理化的过程中，日本全国范围内的物流联网也在蓬勃发展。在物流管理政策上，1977 年日本运输省流通对策部公布了“物流成本算定统一基准”，这一政策对于推进企业物流管理有着深远的影响。由于企业和政府的共同努力，这一时期的物流管理得到了飞跃性的发展，也使日本迅速成为物流管理的先进国家。

第四阶段，物流纵深发展时期（1985 年至今）。进入 20 世纪 80 年代中期，物流合理化的观念面临着进一步变革的要求，在日本有把这一时期称为“物流不景气”的说法，即由于经营战略的要求，使物流成本上升，甚至出现赤字。因此，如何克服物流成本上升、提高物流效率是 20 世纪 90 年代日本物流面临的最大问题。1997 年 4 月 4 日，日本政府制定了一个具有重要影响力的《综合物流施政大纲》，从这个大纲中可以看出，今后日本物流进一步发展、强化的方向是：①信息化的推进；②物流技术的开发；③物流人才的培育；④新物流服务的开展；⑤国际化的对应；⑥包装机械化，在库管理数码化的推进；⑦整体系统化的加强；⑧社会资本的充实；⑨规格化、标准化的推广；⑩共同化、协作化的推进。

美国和日本在对物流内容把握上的差异，与两国发展物流的背景紧密相关。美国发展物流是在 1945 年第二次世界大战结束后，从伴随经济发展需要而建立起发达的交通运输网的基础上起步的（从当初的 Physical Distribution 到后来的 Logistics）；而日本是在 20 世纪 60 年代经济开始腾飞，但交通网络尚未健全并受困于交通供需矛盾的背景下发展物流的。作为现代意义上的物流，只是在信息技术发展提供了技术可能性背景下才开始发展的，至今其实没有多少年的历史。美国是在 1988 年真正开始走向现代物流的，而日本是在 1992 年才真正开始的。例如日本在 1995 年以前，对全国主要制造行业进行的物流成本调查是每 10 年一次，即 1965 年、1975 年、1985 年、1995 年，而 1996 年后开始每年调查一次，所以日本对物流的重视也是近二十年的事情。

4. **中国、美国、欧洲、日本不同国家和地区物流特点比较**

从下表我们可以看出不同国家和地区因为产业发展与科技发展特点不同，决定了物流业的发展特征也有所不同，因此中国如何从自身经济发展与产业分布的现状出发考虑物流业发展，有效吸取其他国家地区的优势，提高物流效率为国家宏观经济发展提供有效支撑，是我们需要去努力解决的问题。

不同国家地区物流业发展特点

国家和地区	中国	美国	欧洲	日本
物流业发展特征	发展迅速 分散化	市场化 创新性	集约化 协同化	精细化 高效率

1.3 研究方法与技术路线

1.3.1 本书研究方法

本书主要通过文献综述法、中美指标比较、数据情景模拟、运用 Vague 集进行指标选取和权重确定的方法来进行社会物流成本的研究。下面我们对 Vague 集作简单的介绍。

Vague 集是对模糊集的扩展，模糊集（Fuzzy Set）把隶属概念扩大到了［0，1］区间，而 Vague 集的思想则认为每个元素的隶属都可以分成支持和对立两个方面，也就是由真隶属度 u 和假隶属度 f 构成。如果我们把任意一个元素 x 和一个 Vague 概念看成一个映射，那么 Vague 集的真隶属度 u 就等价于同一度 a，假隶属度 f 就等价于对立度 c，而 $1-f-u$ 恰对应于差异度 b，b 表示了 x 对于 Vague 集的犹豫程度。

Gau 等人提出了 Vague 集的概念，作为 Zadeh 模糊集的一个推广，Vague 集也等同于 Atanassov 所谓的直觉模糊集，它最大的特点和优点是能同时给出支持和反对的证据，因而能更为全面地表达模糊信息。因此，我们可以把 Vague 集运用到多项因素或多项指标的选取当中，更加客观地反映所研究的问题。

1.3.2 本书技术路线（见下图）

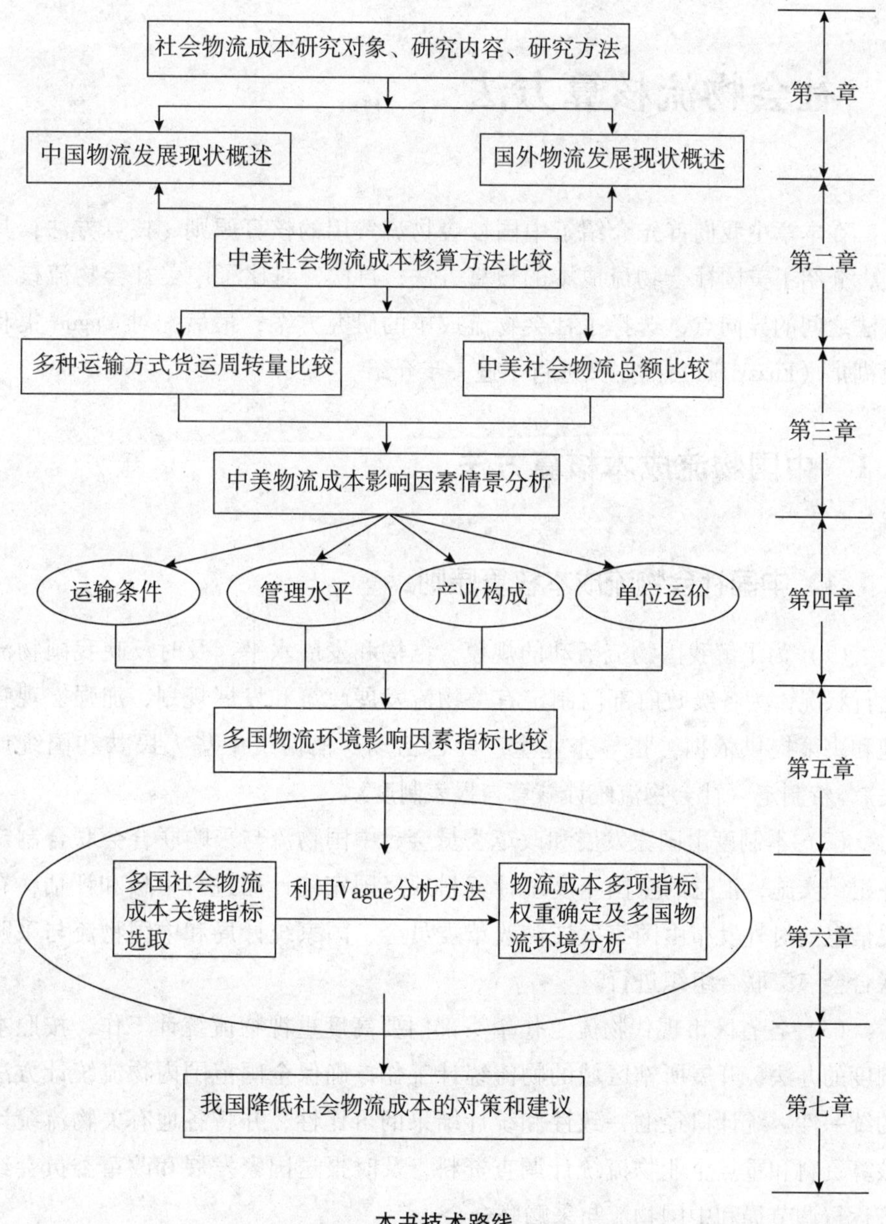

本书技术路线

2 社会物流核算方法

在本章中我们首先介绍了中国社会物流费用的核算原则、核算方法；其次，介绍了美国社会物流成本的核算方法；再次，对比了中美社会物流核算方法之间的异同点，选择了社会物流成本的研究方案；最后，对 Vague 集和模糊集（Fuzzy Set）的定义进行了进一步介绍。

2.1 中国物流成本核算方法

2.1.1 中国社会物流成本核算原则

（1）为了解我国物流活动的规模、结构和发展水平，及时反映我国物流运行状况，为各级政府部门制定有关物流发展政策和发展规划，加强宏观管理和决策提供依据，指导企业生产经营活动，根据《中华人民共和国统计法》，特制定《社会物流统计核算与报表制度》。

（2）本制度由国家发展和改革委员会、中国物流与采购联合会联合制定并组织实施，汇总的全国年度统计资料须经国家统计局进行审核和评估，有关信息的对外发布由国家发展和改革委员会、国家统计局和中国物流与采购联合会三家联合组织进行。

（3）各省区市现代物流工作牵头部门要高度重视物流统计工作，按照本制度的办法，开展所辖区域的物流统计工作，确保全国范围内物流统计方法的统一性、统计口径的一致性和统计结果的可比性，并将各地有关物流统计核算资料和重点企业物流统计调查资料，及时报送国家发展和改革委员会经济运行调节局和中国物流与采购联合会。

（4）各省区市现代物流工作牵头部门在严格执行本制度的基础上，可以根据本地区实际情况，适当增加部分核算调查指标和企业调查范围。

（5）本制度分基层调查表和核算表两部分。

①基层调查表。分物流企业经营情况表和企业物流状况表两种。其中，物流企业经营情况表主要调查物流企业的物流经营活动情况；企业物流状况表主要调查工业、批发和零售业（以下同）企业采购、销售、回收、废弃的物流与成本情况。

②核算表。为总量指标核算表。表中各指标采取依据现有相关指标统计分离提取与企业统计调查推算相结合的方法加工核算。

（6）本制度企业调查范围为在我国经济领土内登记注册，并从事工业、批发和零售业等货物生产、流通的各种经济类型法人企业，以及物流业各种经济类型法人企业。其中：工业、批发和零售业采取重点调查的方式，每个省区市、每个行业、每类产品选择2~3个企业调查。物流企业为年物流业务营业收入在5000万元以上的独立法人企业。从事社会物流服务活动涉及的相关行业，依据国家统计局修订的《国民经济行业分类》（GB/T 4754—2011）确定。

（7）各调查单位请通过指定网址（中国物流信息中心网：http://www.clic.org.cn）“统计直报”板块中“全国社会物流统计直报系统”，报送相关统计数据，也可采用电子邮件传送报表。没有链接国际互联网的单位，暂用传真报送。各单位上报文件格式统一使用本制度规定的表式，并留存报送内容和填报依据。同时，必须将加盖企业法人章的正式报表邮寄到中国物流与采购联合会科技信息部（中国物流信息中心），同时抄报各省区市现代物流工作牵头部门。

2.1.2　中国社会物流成本报表

此处详细内容可见国家发改委和中国物流与采购联合会2014年8月发布的《社会物流统计核算与报表制度》。

报表目录如表2-1所示。

表2-1　　报表目录

表号	表名	报告期别	调查范围	报送单位	报送日期及方式
物流统调1-1表	法人单位基本情况	年报	物流企业、工业、批发和零售业企业	本制度选定的物流企业、工业、批发和零售业企业	年后1月底前邮寄和网上直报或电子邮件、传真

续 表

表号	表名	报告期别	调查范围	报送单位	报送日期及方式
物流统调 1－2表	物流企业经营情况	月报	物流企业	本制度选定的物流企业	次月10日前，12月报表年后1月底前邮寄和网上直报或电子邮件、传真
物流统调 1－3表	企业物流状况	年报	工业、批发和零售业企业	本制度选定的工业、批发和零售业企业	年后1月底前邮寄和网上直报或电子邮件、传真

法人单位基本情况如表2－2所示。

表2－2　　　　　　　　法人单位基本情况

表　　号：物流统调1－1表
制定机关：国家发展和改革委员会
　　　　　中国物流与采购联合会
201　年　　批准机关：国家统计局
批准文号：国统制〔2014〕79号
有效期至：2015年8月

<table>
<tr><td colspan="2">01　组织机构代码：□□□□□□□□—□
02　单位名称：＿＿＿＿＿＿＿＿＿＿＿＿
03　法定代表人（负责人）：＿＿＿＿＿＿</td></tr>
<tr><td colspan="2">04　单位所在地及行政区划　　　　行政区划代码：□□□□□□
＿＿＿＿省（自治区、直辖市）＿＿＿＿地（区、市、州、盟）＿＿＿＿县（区、市、旗）＿＿＿＿乡（镇）＿＿＿＿街（村）、门牌号
单位位于：＿＿＿＿街道办事处＿＿＿＿社区（居委会）、村委会　　　　邮政编码：□□□□□□</td></tr>
<tr><td>05　行业类别　1. ＿＿＿＿；2. ＿＿＿＿；3. ＿＿＿＿；</td><td>代业代码□□□□</td></tr>
<tr><td colspan="2">06　物流企业类型（物流企业填写）　□综合型　□运输型　□仓储型</td></tr>
<tr><td colspan="2">07　物流企业服务对象（物流企业填写）
1. 农产品＿＿　2. 大宗商品＿＿　3. 快速消费品＿＿　4. 危化品＿＿
5. 电子设备＿＿　6. 汽车＿＿　7. 其他＿＿（请注明）</td></tr>
</table>

08　物流企业服务范围　1. 覆盖本省（自治区、直辖市）____个地（区、市、州、盟）　1. □□
2. 覆盖____个省（自治区、直辖市）　2. □□
3. 覆盖____个国家及地区　3. □□

09　登记注册类型

内资		港澳台商投资	外商投资
110 国有	150 有限责任公司	210 港澳台商合资经营	310 中外合资经营
120 集体	160 股份有限公司	220 港澳台商合作经营	320 中外合作经营
130 股份合作	170 私营	230 港澳台商独资经营	330 外资企业
140 联营	190 其他	240 港澳台商投资股份有限公司	340 外商投资股份有限公司
		290 其他港、澳、台商投资企业	390 其他外商投资企业

□□□

10　开业（成立）时间　□□□□年□□月

11　年末从业人员数

指标名称	代码	总计（人）
甲	乙	丙
年末从业人员合计	11	
其中：物流岗位从业人员合计		
按从业资格分：具有中、高级物流师资格人员		

12　基础设施

1. 自有仓储面积（平方米）__________
2. 自有仓储容积（立方米）__________
3. 租用仓储面积（平方米）__________
4. 租用仓储容积（立方米）__________
5. 铁路专用线（条）__________
6. 货运车辆（辆）__________
7. 其中：普通货车（辆）__________
8. 专用货车（辆）__________
9. 其中：冷藏车（辆）__________
10. 集装箱专用车（辆）__________
11. 物流信息系统（可多选）

ERP□　GPS□　GIS□　CRM□
TMS□　WMS□　EOS□　EDI□
CAPS□　其他

统计负责人：	填表人：	
联系电话：	传真电话：	电子邮箱：
填表日期：201　年　月　日		（法人单位在此盖章）
审表人：		审表日期：201　年　月　日

说明：（1）本表由本制度选定的物流业、工业、批发和零售业的独立法人企业填报；

（2）本表为年报，报送时间为年后1月底前；

（3）本表报送方式为邮寄和网上直报或电子邮件、传真；

（4）审核关系：

①年末从业人员合计（11）≥物流岗位从业人员合计；

②年末从业人员合计（11）>具有中、高级物流师资格人员；

③基础设施中货运车辆（6）=普通货车（7）+专用货车（8）。

物流企业经营情况如表2-3所示。

表2-3　物流企业经营情况

表　　号：物流统调1-2表
制定机关：国家发展和改革委员会
　　　　　中国物流与采购联合会
201　年1—　月　　批准机关：国家统计局
法人单位名称：　　批准文号：国统制〔2014〕79号
组织机构代码：□□□□□□□□—□　　有效期至：2015年8月

指标名称	计量单位	代码	本期	上年同期	指标名称	计量单位	代码	本期	上年同期
货运量	吨	01			流通加工成本	万元	20		
周转量	吨公里	02			包装成本	万元	21		
配送量	吨	03			信息及相关服务成本	万元	22		
流通加工量	吨	04			货代业务成本	万元	23		
包装量	吨	05			一体化物流业务成本	万元	24		
装卸搬运量	吨	06			仓储成本	万元	25		
吞吐量	吨	07			运输成本	万元	26		

续 表

指标名称	计量单位	代码	本期	上年同期	指标名称	计量单位	代码	本期	上年同期
物流业务收入	万元	08			其中：燃油成本	万元	27		
其中：配送收入	万元	09			装卸搬运成本	万元	28		
流通加工收入	万元	10			管理成本	万元	29		
包装收入	万元	11			物流人员劳动报酬	万元	30		
信息及相关服务收入	万元	12			物流业务利润额	万元	31		
货代业务收入	万元	13			物流业务营业税金及附加	万元	32		
一体化物流业务收入	万元	14			资产总计	万元	33		
仓储收入	万元	15			流动资产合计	万元	34		
运输收入	万元	16			负债合计	万元	35		
装卸搬运收入	万元	17			固定资产折旧	万元	36		
物流业务成本	万元	18			固定资产投资完成额	万元	37		
其中：配送成本	万元	19							

单位负责人：　　　　填表人：　　　　电话：　　　　报出日期：201　年　月　日

说明：（1）本表由本制度选定的物流业独立法人企业填报，去年同期数据只限本年度新增企业填报；

（2）本表为月报，月度报送时间为次月10日前，12月报表报送时间为年后1月底前；

（3）审核关系：

①物流业务收入（08）≥配送收入（09）+流通加工收入（10）+包装收入（11）+信息及相关服务收入（12）+货代业务收入（13）+一体化物流业务收入（14）+仓储收入（15）+运输收入（16）+装卸搬运收入（17）；

②物流业务成本（18）≥配送成本（19）+流通加工成本（20）+包装成本（21）+信息及相关服务成本（22）+货代业务成本（23）+一体化物流业务成本（24）+仓储成本（25）+运输成本（26）+装卸搬运成本（28）+管理成本（29）。

企业物流状况如表2－4所示。

表2－4　　　　　　　　　企业物流状况

表　　号：物流统调1－3表
制定机关：国家发展和改革委员会
中国物流与采购联合会
201　　年　　批准机关：国家统计局
法人单位名称：　　批准文号：国统制〔2014〕79号
组织机构代码：□□□□□□□□—□　　有效期至：2015年8月

指标名称	计量单位	代码	本期	上年同期	指标名称	计量单位	代码	本期	上年同期
货运量	吨	01			运输成本	万元	09		
其中：自运货运量	吨	02			货物损耗成本	万元	10		
委托代理货运量	吨	03			保险成本	万元	11		
企业物流成本	万元	04			利息成本	万元	12		
其中：对外支付的物流成本	万元	05			管理成本	万元	13		
在企业物流成本中：					购进总额	万元	14		
配送、流通加工、包装成本	万元	06			销售总额	万元	15		
信息及相关服务成本	万元	07			年初存货	万元	16		
仓储成本	万元	08			年末存货	万元	17		

单位负责人：　　统计负责人：　　填表人：　　联系电话：　　报出日期：201　年　月　日

说明：（1）本表由本制度选定的工业、批发和零售业企业填报，填报本企业因采购、销售、回收、废弃而发生的物流业务与成本情况；

（2）本表为年报，报送时间为年后1月底前，去年同期数据只限本年度新增企业填报；

（3）本表报送方式为邮寄和网上直报或电子邮件、传真；

（4）审核关系：

①货运量（01）≥自运货运量（02）＋委托代理货运量（03）；

②企业物流成本（04）≥对外支付的物流成本（05）；

③企业物流成本（04）≥配送、流通加工、包装成本（06）＋信息及相关服务成本（07）＋仓储成本（08）＋运输成本（09）＋货物损耗成本（10）＋保险成本（11）＋利息成本（12）＋管理成本（13）。

2.2 中美社会物流核算体系比较

选择美国与中国进行物流成本核算方法比较的原因是：在物流环境较好、社会物流成本占 GDP 较低的国家中，美国的国土面积与中国接近；中美社会物流核算方法的主要构成因素接近；美国管理水平、仓储水平世界领先，方便看到中国与物流先进国家间影响因素的差距；美国的物流数据相对完整、透明、充分，方便中国和美国之间的指标比较。

2.2.1 中国社会物流核算体系

根据拟定中的社会物流成本统计标准文件《社会物流统计指标体系及方法》及 2014 年国家发展与改革委员会、中国物流与采购联合会、国家统计局联合发布的《社会物流统计核算与报表制度》，中国社会物流成本的统计算式为：

社会物流总成本 = 运输成本 + 保管成本 + 管理成本

运输成本 = 运费(公路、铁路、水运、航运、管道) + 装卸搬运等辅助费 + 运输附加费

保管成本 = 利息成本 + 仓储成本 + 保险成本 + 货物损耗成本 + 信息及相关服务成本 + 配送成本 + 流通加工成本 + 包装成本 + 其他保管成本

管理成本 = 社会物流总额 × 社会物流平均管理成本率

与美国、日本等国家相比，我国对社会物流成本核算的研究较为迟缓，直到 2004 年国家发展与改革委员会、国家统计局发布了《社会物流统计制度及核算表式（试行)》的通知后，相对完善的社会物流成本统计计算体系才面世。

根据国家发展与改革委员会、国家统计局关于组织实施《社会物流统计制度及核算表式（试行)》的通知，以及中国物流与采购联合会关于组织实施《社会物流统计制度及核算表式（试行)》的补充通知，我国的社会物流总成本是指一定时期内，国民经济各方面用于社会物流活动的各项成本支出。内容包括：支付给运输、储存、装卸搬运、包装、流通加工、配送、信息处理等各个物流环节的成本，应承担的物品在物流期间发生的损耗；社会物流活动中因资金占用而应承担的利息支出；社会物流活动中发生的管理成本等。具体包括运输成本、保管成本和管理成本三部分内容（见表 2 – 5)。

表 2－5　　中国社会物流总成本指标核算体系

一级指标	二级指标	三级指标
社会物流总成本	运输成本	铁路运输成本
		公路运输成本
		水上运输成本
		航空运输成本
		管道运输成本
		其他运输成本
	保管成本	仓储成本
		配送成本
		包装成本
		流通加工成本
		货物损耗成本
		货代业务成本
		保险成本
		信息及相关服务成本
		利息成本
		其他保管成本
	管理成本	物流管理人员报酬
		其他管理成本

2.2.2　美国社会物流成本核算方法

1. 美国社会物流成本影响因素

首先，包括物流成本的构成因素。主要包括运输因素、库存因素与管理因素三部分。

其次，包含企业的竞争因素。

2. 美国社会物流成本结构

美国物流成本结构宏观统计主要包含运输成本、仓储成本及管理成本，当前世界各国衡量物流成本的时候，均采用此方法。

（1）运输成本。

第一部分：公路运输成本、铁路运输成本、航空运输成本、水路运输成本、管道运输成本。

第二部分：货运代理费（包含运输部门运作装卸费）。

近年来，美国运输成本所占 GDP 比率变化不大。

（2）仓储成本。包括：仓储、存储损失、人力成本、税收及利息。

利息 = 当年美国商业利率 × 全国库存金额

降低全国库存金额，加快资金周转率，可降低仓储费。

仓储成本占美国当年 GDP 比率有所下降，为美国物流成本降低的主要原因。

（3）物流管理成本。

物流管理成本 = 物流管理费率历史系数 × （运输成本 + 仓储成本）

依据上述对美国社会物流成本构成所做的分析，我们总结了美国社会物流成本构成分析，如表 2 – 6 所示。

表 2 – 6　　美国社会物流成本分析

国家 成本	美国
运输成本	运输成本 = 公路运输 + 铁路运输 + 水路运输 + 油料管道运输 + 航空运输 + 货运代理成本
仓储成本	利息 + 税、折旧、贬值、保险 + 仓储成本
	企业存货持有成本占存货价值的百分比： 保险（Insurance）0. 25% 仓储（Storage Facilities）0. 25% 税费（Taxes）0. 5% 运输（Transportation）0. 5% 搬运（Handling Costs）2. 5% 贬值（Depreciation）5% 利息（Interest）6% 过时（Obsolescence）10% 总计（Total）25%
管理成本	订单处理及 IT（信息技术）成本 + 市场预测、计划制订及相关财务人员发生的管理成本
	物流行政管理成本 = 4% ×（存货持有成本 + 运输成本）

2. 3　中美社会物流成本核算指标比较

我们对中国及美国不同社会物流成本核算体系下的运输成本、保管成本及管理成本影响指标分别进行了比较，如表2－7、表2－8、表2－9所示。

表2－7　　中美交通运输成本指标比较

国家	中国	美国
指标	公路运输	公路运输
	铁路运输	铁路运输
	水路运输（内河及海运）	水路运输（内河及海运）
	油管运输	油管运输
	航空运输	航空运输
	装卸搬运费及其他运输辅助成本	货运代理成本

注：美国货运代理成本包括运输部门运作及装卸成本，所以中国装卸搬运成本及其他运输辅助成本与美国的货运代理成本有重叠的地方。

从表2－7中我们可以看出中国和美国的交通运输核算指标体系中，核算均包括公路运输、铁路运输、水路运输（内河及海运）、航空运输、管道运输等指标。而不完全一致的核算指标中，中国为装卸搬运费及其他运输辅助成本，美国为货运代理成本。但是依据美国社会物流成本核算体系指标说明，美国货运代理成本包括运输部门运作及装卸成本，所以中国装卸搬运成本及其他运输辅助成本与美国的货运代理成本有重叠的地方。

表2－8　　中美保管仓储成本比较

国家	中国	美国
指标	仓储成本	仓储成本
	存货利息	存货利息
	保险	保险
	无直接指标	税
	配送	搬运
	货物损耗	货物贬值
		货物过时
	信息相关服务费	中国信息相关服务费与美国管理成本中订单处理及IT成本有重叠
	流通加工、包装	无直接指标
	其他保管成本	无直接指标

从表 2 - 8 中我们可以看出中国和美国的仓储保管核算指标体系中，核算均包括仓储成本、存货利息、保险等指标。美国物流仓储保管成本中包含物流税的成本，中国的物流仓储成本则无此项，物流税产生的费用没有单独列出。而不完全一致的核算指标中，中国为物流配送费及货物损耗成本，美国为搬运费及货物贬值、过时成本。但是依据美国社会物流成本核算体系指标说明，美国信息服务成本包含在美国管理成本中订单处理及 IT 成本中，所以中国信息相关服务费与美国管理成本中订单处理及 IT 成本有重叠。

表 2 - 9　　中美物流管理成本比较

国家	中国	美国
指标	物流管理人员报酬	市场预测、计划制订及相关财务人员发生的管理成本
	其他管理成本	
	中国物流管理人员报酬与美国相关财务人员发生管理成本有重叠	订单处理及 IT 成本

在表 2 - 9 的核算指标体系中，中美所包含的指标单项有所不同，美国为市场预测、计划制订及相关财务人员发生的管理成本，订单处理及 IT 成本。中国为物流管理人员报酬、其他管理成本。依据美国社会物流成本核算体系指标说明，美国信息服务成本包含在美国管理成本中订单处理及 IT 成本中，所以中国信息相关服务费与美国管理成本中订单处理及 IT 成本有重叠。

从表 2 - 7、表 2 - 8 和表 2 - 9 我们可以看出，中美社会物流核算方法所覆盖的核算范围大部分保持一致，小部分核算指标有所区别。此外，中国核算与美国核算基于的会计核算体系不同，所以中国社会物流核算方法与美国社会物流核算方法所核算出来的结果不适合直接比较。

2.4 模糊集与 Vague 集定义

1965 年，美国学者控制论专家 Zadeh 首次提出了模糊集的概念，给出了模糊子集的定义。

定义 2.1　设 $\tilde{A}$ 是论域 U 上的一个模糊集，对任意 $x \in U$，都对应 $\mu_A(x) \in [0,1]$ 的一个数值，称之为元素 x 对 $\tilde{A}$ 的隶属度。而实值函数如下：

$$\mu_A : U \rightarrow [0,1], x \rightarrow \mu_A(x)$$

称为 $\tilde{A}$ 的隶属函数，模糊集 $\tilde{A}$ 可用二元组 $\{<x, \mu_A(x)>|x\in U\}$ 来表示。模糊子集由隶属函数 μ_A 描述，论域 U 中元素 X 与 $\tilde{A}$ 的关系由隶属度 $u_A(x)$ 给出。

1986 年，Atanassov 给出直觉模糊集的概念如下。

定义 2.2 设 U 是一个论域，它的元素用 X 表示。U 上形如 $\{<x, t_A(x), f_A(x)>|x\in U\}$ 的三元组称为 U 上的一个直觉模糊集 A，其中函数 t_A 和 f_A 满足：

$$t_A: U\to[0, 1], f_A: U\to[0, 1]$$

t_A 和 f_A 分别表示 U 上元素 X 属于 A 的隶属度和非隶属度，且满足：

$$0\leqslant t_A+f_A\leqslant 1$$

1993 年，Gau 和 Buehrer 提出了 Vague 集的概念，给出了 Vague 集的定义和基本运算规则。

定义 2.3 设 U 是一个论域，它的元素用 X 表示 U 上的一个 Vague 集，A 是指 U 上的一对隶属函数 t_A 和 f_A，即：

$$t_A:U\to[0,1], f_A:U\to[0,1]$$

满足 $0\leqslant t_A+f_A\leqslant 1$，其中 $t_A(x)$ 称为 Vague 集 A 的真隶属函数，表示支持 $x\in A$ 的证据的隶属度下界；$f_A(x)$ 称为 Vague 集 A 的假隶属函数，表示反对 $x\in A$ 的证据的隶属度下界；称 $\pi_A(x)=1-t_A(x)-f_A(x)$ 为 x 相对于 A 的犹豫度，$\pi_A(x)$ 值越大，说明 x 相对于 A 的未知信息越多，如下图所示。本书将 A 记为 $<t_A(x), 1-f_A(x)>$ 或 $<x, t_A(x), f_A(x)>$。

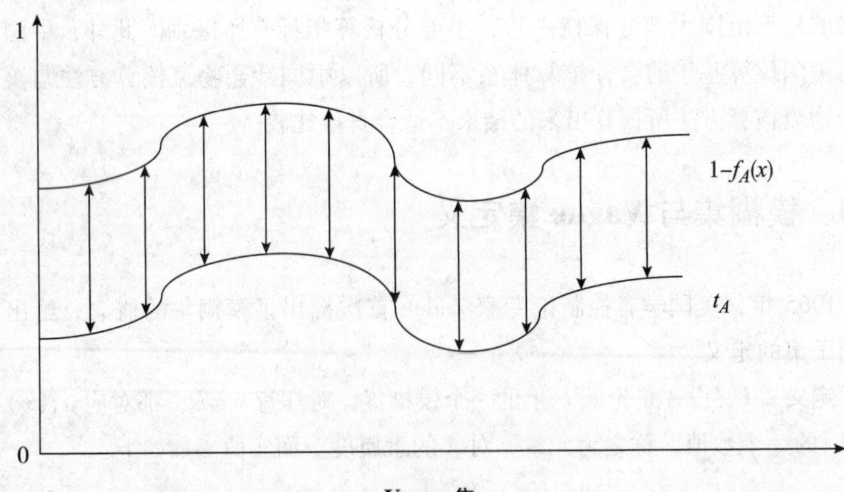

Vague 集

从上述 Vague 集和模糊集（Fuzzy set）的定义我们可以看出，Vague 集的运算规则同时包含真假隶属度相对更加全面，对于某些不确定性的研究问题，可运用 Vague 集的方法对指标因素进行甄别、选择和确定。

2.5 本章小结

本章对中美物流成本核算体系的指标进行了比较，中美物流成本核算内容从总体上大部分一致，但是核算方法有所不同，因此不适合就中美社会物流成本与 GDP 的总体比率直接进行比较。同时，对 Vague 集的基本概念进行了介绍。

3 中美运输成本指标的比较

中国物流成本核算的数据较难获得，首先，从供应链的角度，一系列相互关联的物流成本分布在不同的部门；其次，物流成本调查成本高，由于企业机密的原因部分部门、企业不愿公布物流数据。所以本书从影响社会物流成本的具体指标进行中美国家间的比较来反映物流业发展的现状。

3.1 中美交通货运周转量的比较

根据中国物流与采购联合会的研究，在现有中国社会物流成本核算体系下，近年来中国社会物流成本与 GDP 的比率为 16% ~18%，分别由运输成本、库存成本与管理成本三部分构成。其中运输成本与 GDP 比值约占 9%，库存成本与管理成本加起来与 GDP 比值共占 9%。

货物周转量是指在一定时期内，由各种运输工具运送的货物数量与其相应运输距离的乘积之总和。该指标可以反映运输业生产的总成果，也是编制和检查运输生产计划，计算运输效率、劳动生产率以及核算运输单位成本的主要基础资料。计算货物周转量通常按发出站与到达站之间的最短距离，也就是计费距离计算。

计算公式为：

$$货物周转量=\sum(货物运输量\times运输距离)$$

图 3 -1 ~图 3 -12 显示了中美两国各种运输方式的货物周转量发展趋势。

如图 3 -1 所示，美国的总货运周转量从 1980 年开始呈现稳步上升趋势，虽然 2009 年由于金融危机有所下降，但是下降幅度不大，近年来还有所回升。

图 3 -2 表示的是中国的总货运周转量，中国总货运周转量从 1980 年开始为稳步上升趋势，2004 年开始加速上升，总货运量每年大幅度增加。因此，

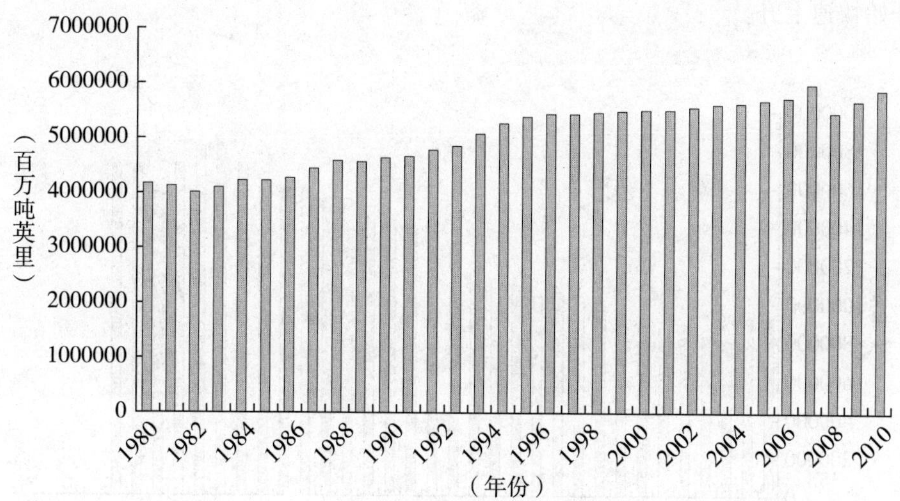

图 3－1　美国总货运周转量趋势

数据来源：美国交通局网站。

社会物流成本每年随 GDP 加速上升，是中国社会物流成本与 GDP 比率一直处于高位的原因之一。

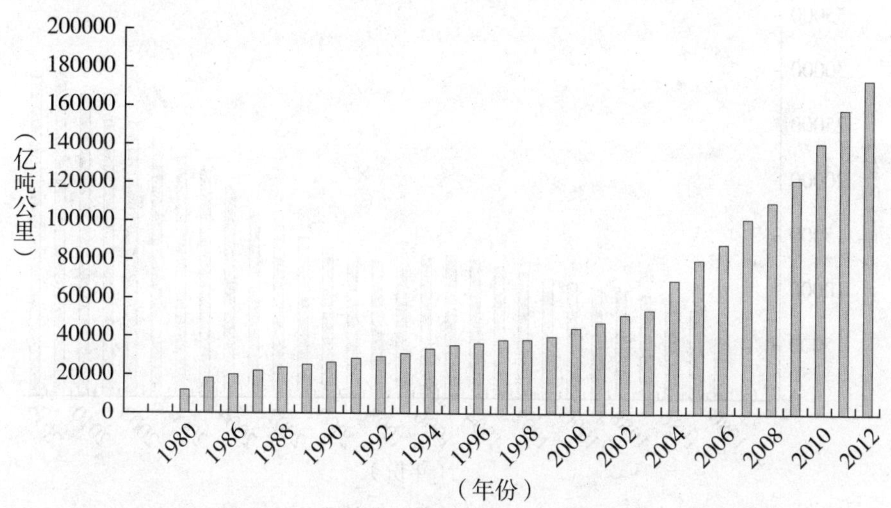

图 3－2　中国总货运周转量趋势

数据来源：中国国家统计局。

从图 3－3 中看出，美国铁路货运周转量持续上升，从 2007 年开始有所下降，2009 年有所回升；从图 3－4 中看出，中国铁路货运周转量在 2002 年开始快速上升。

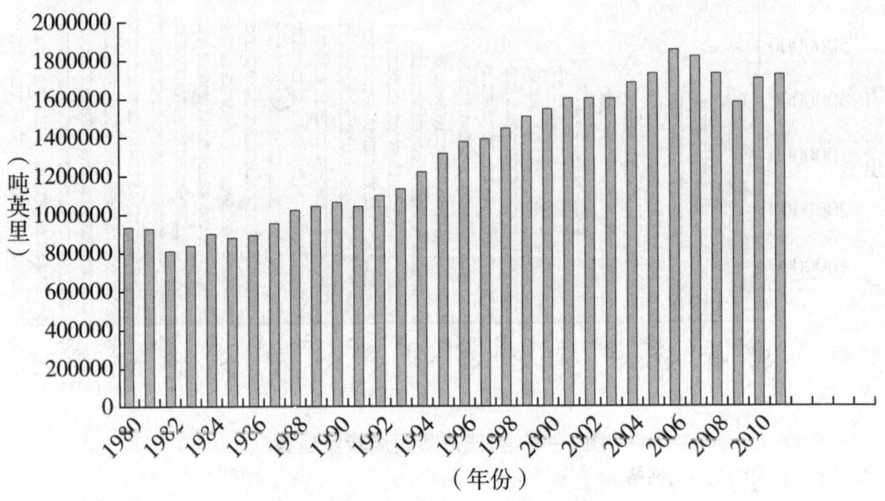

图 3－3　美国铁路运输货运周转量

数据来源：美国交通局网站。

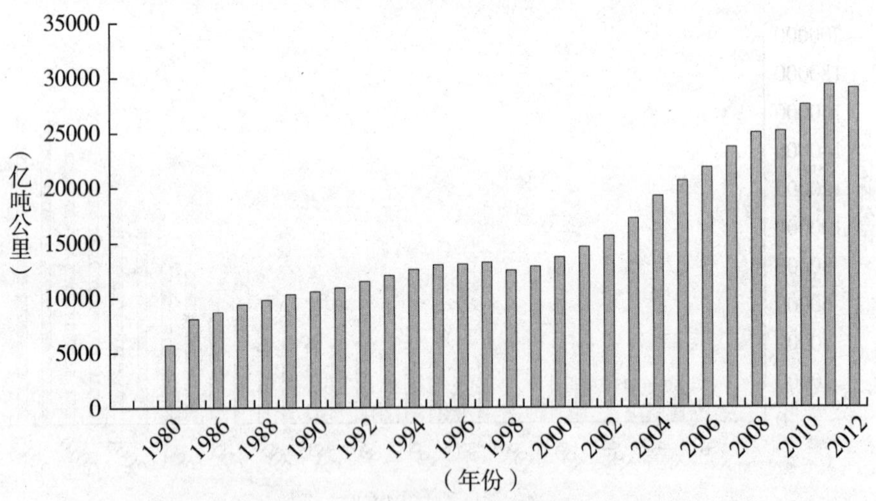

图 3－4　中国铁路货运周转量趋势

数据来源：中国国家统计局。

从图 3－5 来看，美国卡车运输货运周转量呈缓慢上升趋势。

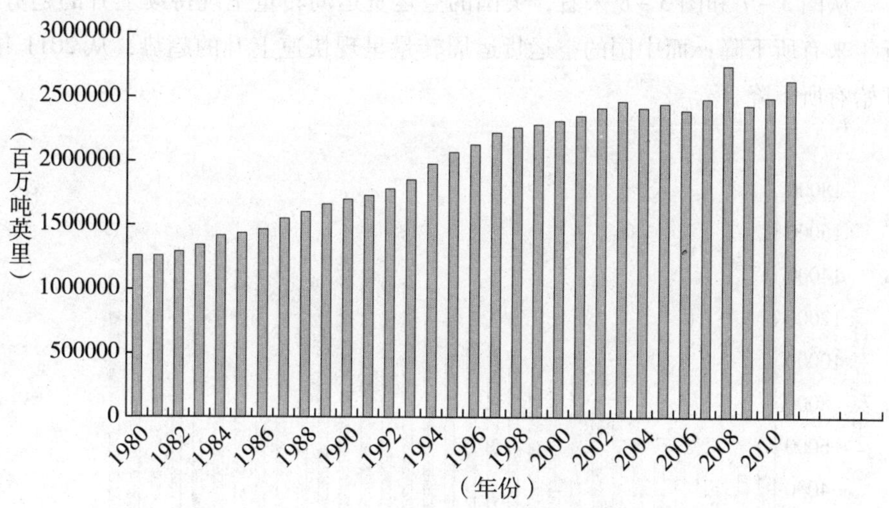

图 3－5　美国卡车运输货运周转量

数据来源：美国交通局网站。

从图 3－6 来看，多年呈持续上升趋势，由于 2007 年中国公路货运量核算方法的改进以及 2007 年后中国的铁路、公路、机场及基础设施建设的增加，近年来公路货运周转量上升明显。

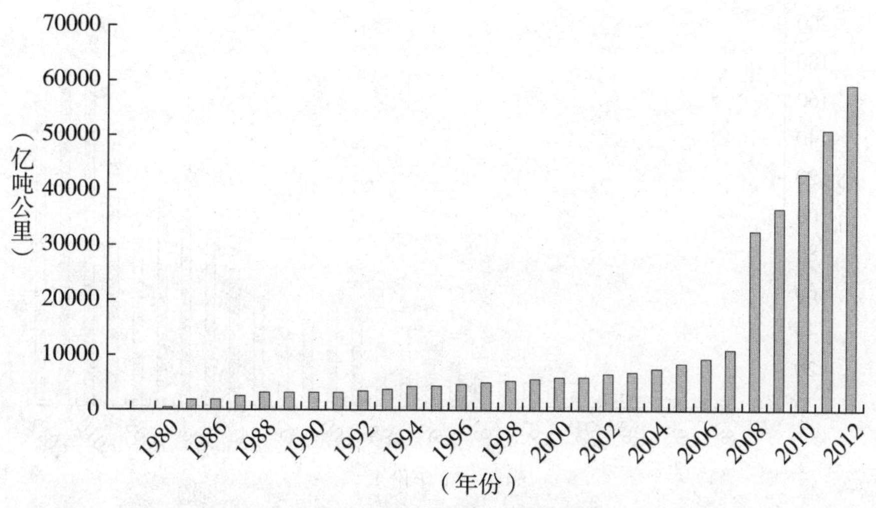

图 3－6　中国公路货运周转量

数据来源：中国国家统计局。

从图 3－7 和图 3－8 来看，美国的空运货运周转量呈现持续上升的趋势，近年来有所下降；而中国的空运货运周转量呈现快速上升的趋势，从 2011 年开始有所下降。

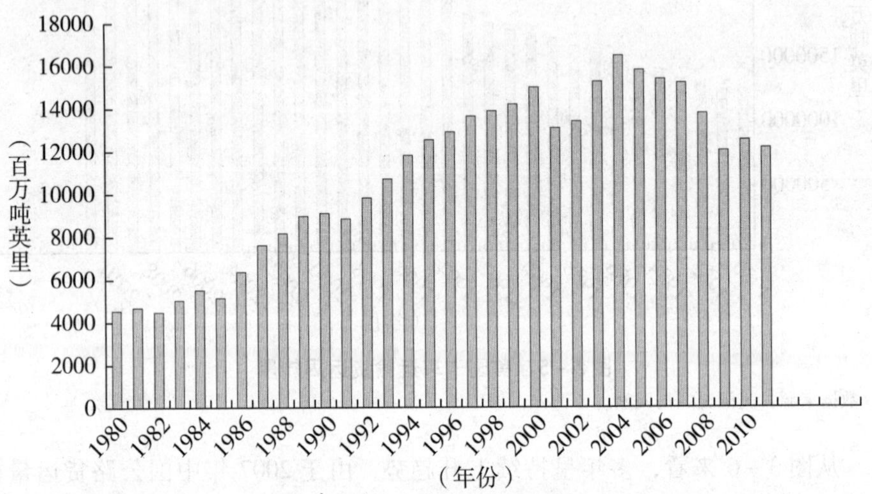

图 3－7　美国空运货运周转量

数据来源：美国交通局网站。

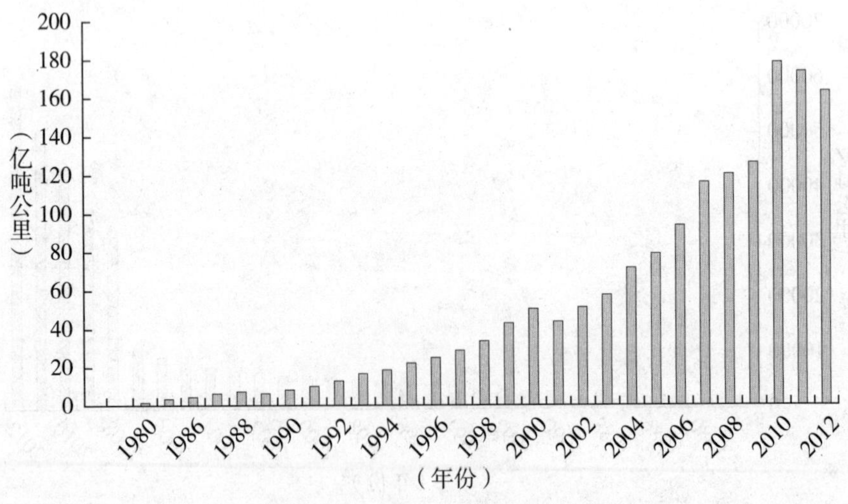

图 3－8　中国民航货运周转量

数据来源：中国国家统计局。

从图 3－9 和图 3－10 可以看出，美国水运货运周转量总额近年来呈下降趋势。而中国水运货运周转量一直呈上升趋势，从 2004 年开始数量上升明显。

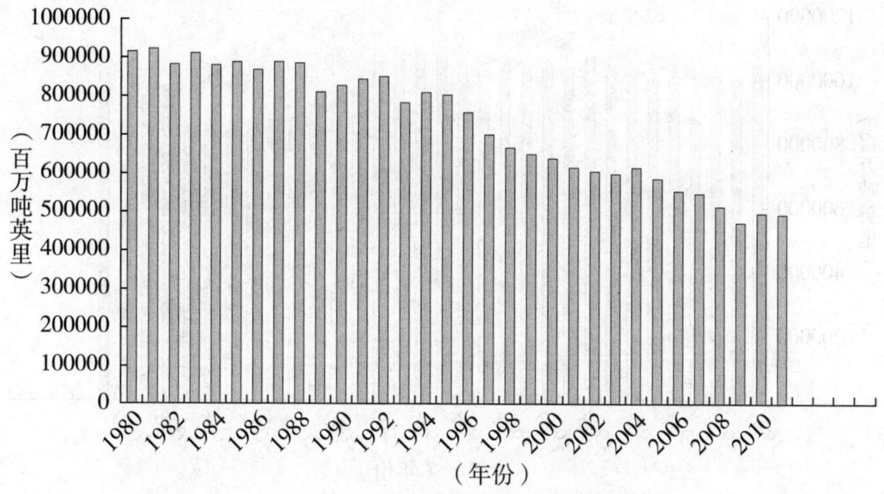

图 3－9　美国水运货运周转量

数据来源：美国交通局网站。

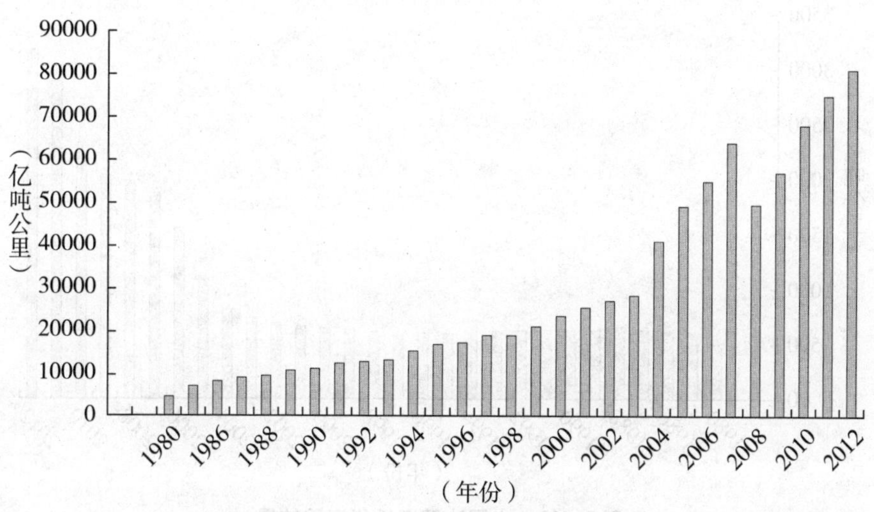

图 3－10　中国水运货运周转量

数据来源：中国国家统计局。

从图 3－11 和图 3－12 可以看出，近年来美国油管运输货运周转量经历了缓慢下降和上升的过程，总体比较平稳；而中国的油管运输货运周转量近年来快速上升，但总体数量大幅度少于美国的油管运输货运周转量。

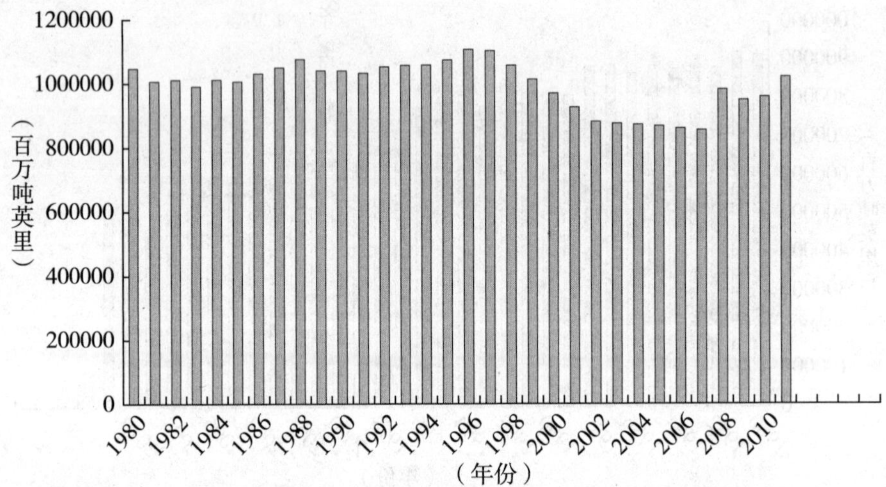

图 3－11　美国油管运输货运周转量

数据来源：美国交通局网站。

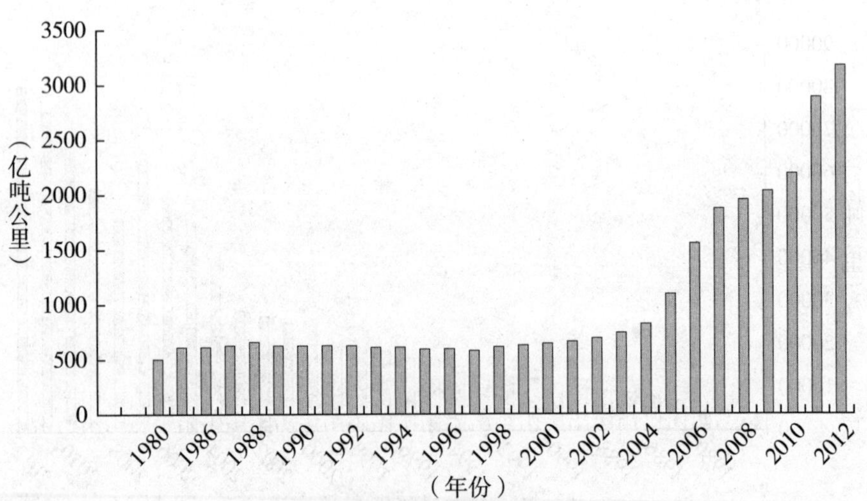

图 3－12　中国油管运输货运周转量

数据来源：中国国家统计局。

3.2 中国物流运输成本核算方法构成

1. **铁路运输成本**

铁路运输成本是社会物流活动中，国民经济各方面因为物品经铁路运输而发生的全部成本。包括支付给铁路运输部门的运费；由铁路运输部门按国家规定代收的铁路建设基金等。也就是铁路运输部门取得的物流业务收入，即铁路部门现行收入统计中的货运收入和其他收入中的货运与行李包裹部分；铁路运输部门实际代收的铁路建设基金。

铁路运输成本的基本计算公式：

铁路运输成本 = 运费 + 铁路建设基金

运费 = 铁路货物周转量 × 铁路平均运价

铁路建设基金 = 铁路货物周转量 × 铁路建设基金征收率

2. **道路运输成本**

道路运输成本是社会物流活动中，国民经济各方面因为物品道路运输而发生的全部成本。包括支付给物品运输承运方的运费（也即运输承运方的货运收入）；由货主方承担的，支付给有关管理和投资部门按规定收取的各种管理费、通行费等。

道路运输成本，既包括支付给专业物流、运输与辅助服务企业的货运业务成本，同时也包括生产、流通、消费企业自有车辆承担完成的，属于需求领域的物品运输业务，理应获得的收入部分，不包括客运业务成本。

道路运输成本的基本计算公式：

道路运输成本 = 运费 + 通行附加费

运费 = 道路货物周转量 × 道路货物平均运价

通行附加费 = $\sum$（每批货物计费作业量 × 该批货物附加费率）

3. **水上运输成本**

水上运输成本是社会物流活动中，国民经济各方面因为物品水上运输而发生的全部成本。包括支付给物品运输承运方的运费（也即水上运输承运方的货运业务收入）；由货主方承担的，有关管理和投资部门按规定收取的各种航道维护费、港口建设费等附加费。

水上运输成本既包括支付给专业物流、运输与辅助服务企业的货运业务成本，同时也包括生产、流通、消费企业自有船舶承担完成的，属于需求领域的物品运输业务，理应获得的收入部分。

水上运输成本的基本计算公式：

水上运输成本 = 运费 + 附加费

运费 = 水上货物周转量 × 水上货物平均运价

港口建设费 = 港口货物吞吐量吨数 × 港口建设费率

航道维护费 = 水上货物周转量 × 航道维护费率

4. 航空运输成本

航空运输成本是社会物流活动中，国民经济各方面因为物品航空运输而发生的全部成本。包括支付给航空运输承运方的运费（也即航空运输公司的货邮运输业务收入）。

5. 管道运输成本

管道运输成本是社会物流活动中，因为物品管道运输而发生的全部成本。包括支付给管道运输承运方的输送费；储存保管费等（也即管道运输单位的货运业务收入）。

6. 装卸搬运及其他运输服务成本

装卸搬运及其他运输服务成本是社会物流活动中，国民经济各方面因为物品装卸搬运、其他运输服务而发生的全部成本。包括支付给装卸搬运、代理等服务提供方的成本（即服务提供方的货运业务收入）。

装卸搬运成本的基本计算公式：

装卸搬运成本 = 货运量 × 装卸搬运费率

其他实际发生且由货主方承担的成本，未包含在前述几项成本之中的，属于运输成本的，根据实际发生情况统计。

3.3 中美货运周转量对比

在中国的社会物流成本核算体系下，公路、铁路、水运、航空、油管的运输成本与这些运输方式的货运周转量密切相关。美国历年的各种运输成本的数值无法获得，而中国和美国的历年货运周转量数据可以得到。因此，我们通过这些运输方式的货运周转量来反映中国和美国多种运输方式对运输成本的影响。表 3－1 和表 3－2 为中国和美国的总货运周转量及铁路、公路、水运、航空、管道货运周转量。

表3-1　　中美历年总货运周转量及铁路、公路货运周转量

项目 年份	中国总货运周转量（亿吨公里）	美国总货运周转量（亿吨公里）	美国总货运周转量（百万吨英里）	中国铁路货运周转量（亿吨公里）	美国铁路货运周转量（亿吨公里）	美国铁路货运周转量（百万吨英里）	中国公路货运周转量（亿吨公里）	美国公路货运周转量（亿吨公里）	美国公路货运周转量（百万吨英里）
1985	18365	67938	4221461	8125.7	14101	876209	1903.2	23205	1441906
1986	20147	68881	4280091	8764.8	14343	891235	2118.0	23801	1478928
1987	22229	71776	4459963	9471.5	15320	951940	2660.4	25087	1558806
1988	23826	74127	4606023	9877.6	16507	1025683	3220.4	25926	1610977
1989	25592	73669	4577594	10394.2	16828	1045628	3374.8	26821	1666597
1990	26208	74922	4655432	10622.4	17130	1064408	3358.1	27478	1707373
1991	27987	75256	4676163	10972.0	16768	1041929	3428.0	28098	1745913
1992	29218	77330	4805060	11575.6	17677	1098379	3755.4	28819	1790756
1993	30647	78194	4858768	12090.9	18266	1135016	4070.5	30041	1866690
1994	33435	81901	5089119	12632.0	19651	1221073	4486.3	31982	1987270
1995	35909	85112	5288639	13049.5	21195	1317010	4694.9	33475	2080039
1996	36590	86815	5394429	13106.2	22162	1377095	5011.2	34379	2136184
1997	38385	87626	5444841	13269.9	22387	1391089	5271.5	35952	2233950
1998	38089	87930	5463709	12560.1	23309	1448352	5483.4	36590	2273588
1999	40568	88234	5482577	12910.3	24199	1503665	5724.3	36973	2297372
2000	44321	88537	5501444	13770.5	24886	1546319	6129.4	37442	2326524
2001	47710	88841	5520312	14694.1	25739	1599332	6330.4	38014	2362063
2002	50686	89144	5539180	15658.4	25839	1605532	6782.5	39070	2427693
2003	53859	89789	5579251	17246.7	25807	1603564	7099.5	39891	2478740
2004	69445	90434	5619322	19288.8	27100	1683895	7840.9	39062	2427170
2005	80258	91079	5659393	20726.0	27895	1733324	8693.2	39483	2453347
2006	88840	91724	5699463	21954.4	29868	1855897	9754.2	38718	2405811
2007	101419	92369	5739534	23797.0	29284	1819626	11354.7	40166	2495786
2008	110300	96529	5998009	25106.3	27837	1729734	32868.2	44300	2752658
2009	122133	87999	5468001	25239.2	25461	1582092	37188.8	39421	2449509
2010	141837	91566	5689672	27644.1	27464	1706505	43389.7	40434	2512429
2011	159324	94938	5899165	29465.8	27771	1725634	51374.7	42544	2643567

数据来源：美国交通局、中国国家统计局。

表 3-2　　中美历年水运、航空、油管货运周转量

年份 \ 项目	中国水运货运周转量（亿吨公里）	美国水运货运周转量（亿吨公里）	美国水运货运周转量（百万吨英里）	中国航空货运周转量（亿吨公里）	美国航空货运周转量（亿吨公里）	美国航空货运周转量（百万吨英里）	中国油管货运周转量（亿吨公里）	美国油管货运周转量（亿吨公里）	美国油管货运周转量（百万吨英里）
1985	7729.3	14371	892971	4.15	83	5156	603	16177	1005219
1986	8647.9	14056	873401	4.81	102	6356	612	16579	1030172
1987	9465.1	14410	895415	6.52	122	7589	625	16837	1046212
1988	10070.4	14324	890029	7.32	131	8169	650	17239	1071165
1989	11186.8	13125	815550	6.93	144	8954	629	16751	1040865
1990	11591.9	13415	833544	8.18	146	9064	627	16754	1041044
1991	12955.5	13654	848399	10.10	143	8860	621	16593	1031063
1992	13256.2	13787	856685	13.42	158	9820	617	16889	1049420
1993	13860.8	12708	789658	16.61	172	10675	608	17006	1056728
1994	15686.6	13115	814919	18.58	190	11803	612	16963	1054054
1995	17552.2	12999	807728	22.30	201	12520	590	17242	1071343
1996	17862.5	12306	764687	24.93	207	12861	585	17761	1103602
1997	19235.0	11385	707410	29.10	219	13601	579	17683	1098790
1998	19405.8	10828	672795	33.45	223	13840	606	16981	1055133
1999	21263.0	10555	655862	42.34	229	14202	628	16278	1011476
2000	23734.2	10393	645799	50.27	241	14983	636	15576	967819
2001	25988.9	10005	621686	43.72	210	13069	653	14873	924162
2002	27510.6	9850	612080	51.55	215	13370	683	14170	880504
2003	28715.8	9755	606146	57.90	245	15231	739	14091	875570
2004	41428.7	9997	621170	71.80	265	16451	815	14012	870635
2005	49672.3	9516	591277	78.90	253	15745	1088	13932	865700
2006	55485.7	9039	561629	94.28	247	15361	1551	13853	860766
2007	64284.8	8902	553151	116.39	244	15141	1866	13773	855831
2008	50262.7	8377	520521	119.60	222	13774	1944	15793	981323
2009	57556.7	7679	477122	126.23	194	12027	2022	15245	947252
2010	68427.5	8082	502212	178.90	202	12541	2197	15385	955986
2011	75423.8	8043	499748	173.91	195	12134	2885	16384	1018082

数据来源：美国交通局、中国国家统计局。

表 3-1 和表 3-2 中，中美历年多种运输方式的数据已经换算为统一单位，下面我们运用折线图对中美总货运周转量及各种运输方式的货运周转量进行比较，来衡量中国与美国运输成本的优势和差距。

从图 3－13 看出，中国从 2007 年开始，各种运输方式的总货运周转量超过美国。

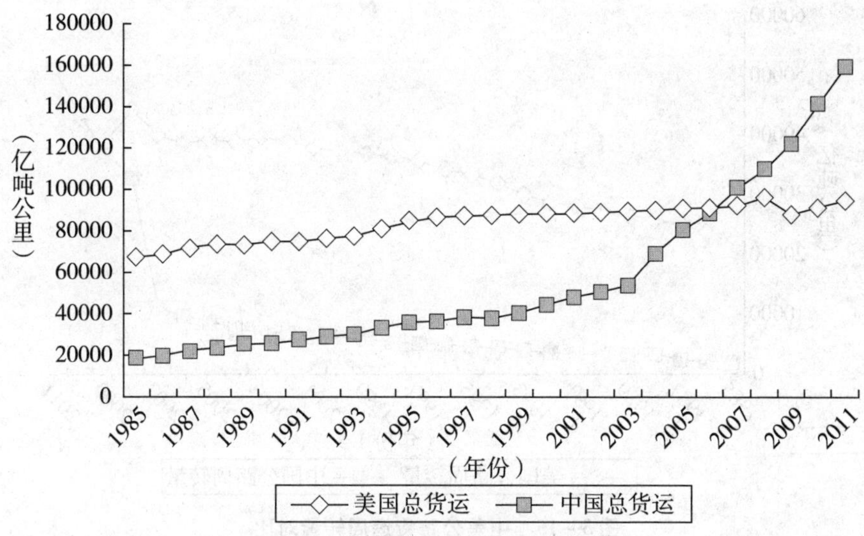

图 3－13　中美总货运周转量对比

数据来源：中国国家统计局、美国交通局网站。

从图 3－14 可以看出，中国的铁路货运周转量 2008—2009 年超过美国铁路货运周转量。

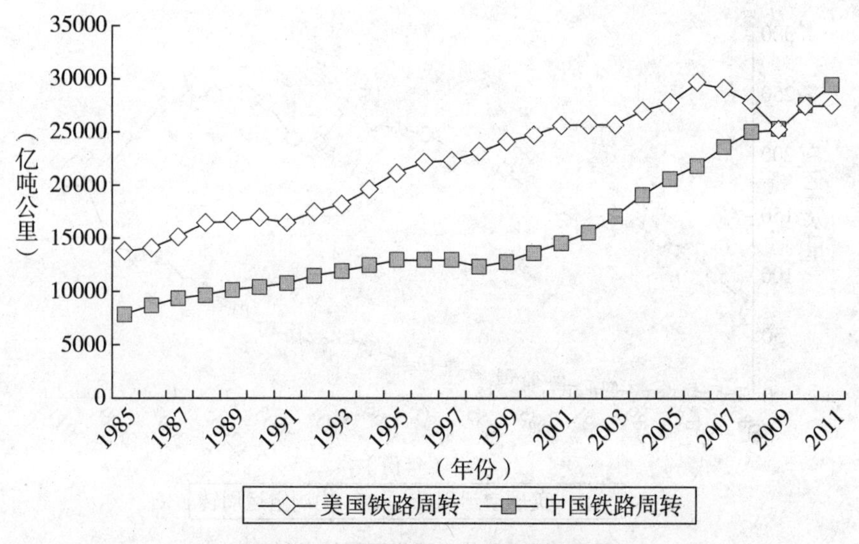

图 3－14　中美铁路货运周转量对比

数据来源：中国国家统计局、美国交通局网站。

从图 3－15 可以看出，中国公路货运周转量 2007 年开始快速增加，在 2009 年开始超过美国的公路货运周转量。

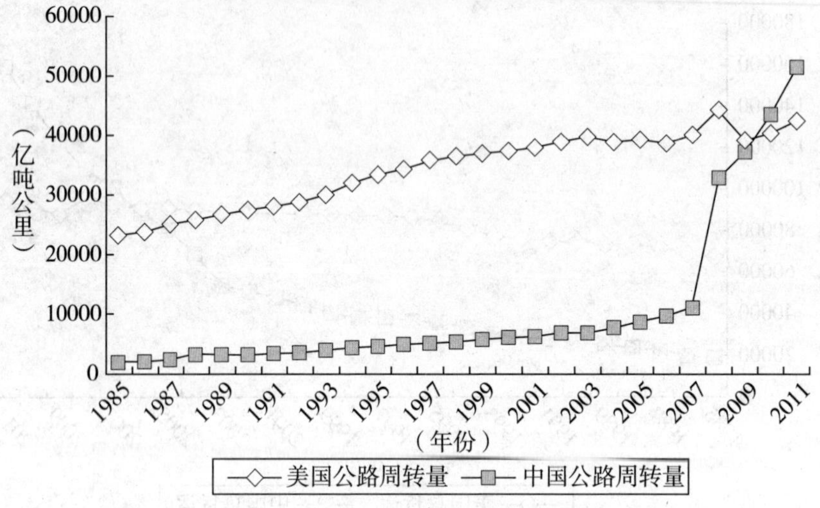

图 3－15　中美公路货运周转量对比

数据来源：中国国家统计局、美国交通局网站。

从图 3－16 可以看出，美国的空运货运周转量一直高于中国的空运货运周转量，近年来美国空运货运周转量有所下降，中国空运货运周转量则一直呈上升趋势，但是总体中国还未超过美国的空运货运周转量。

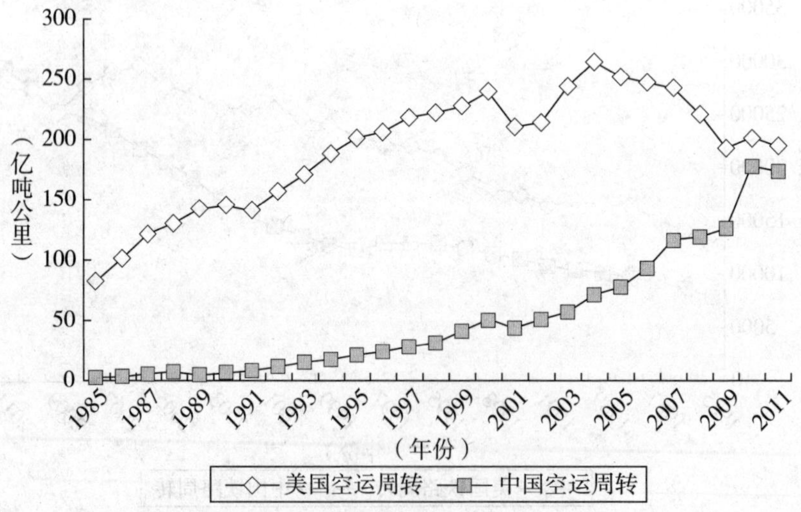

图 3－16　中美空运货运周转量对比

数据来源：中国国家统计局、美国交通局网站。

从图 3－17 看出，中国水运货运周转量近年迅速增加，达到 75423. 8358 亿吨公里，美国水运货运周转量总体呈平稳状态略有下降，为 8043 亿吨公里。

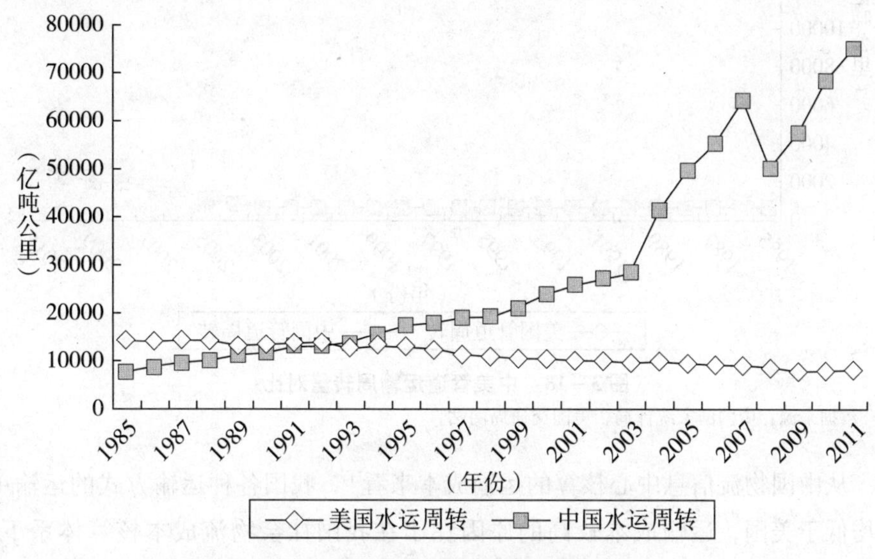

图 3－17　中美水运货运周转量对比

数据来源：中国国家统计局、美国交通局网站。

从图 3－18 可以看出，美国的管道运输周转量一直显著高于中国的管道运输周转量，近年来美国管道运输周转量略微有所下降，中国管道运输周转量则一直呈缓慢上升趋势，但是总体中国管道运输周转量远低于美国的管道运输周转量。

3.4　中美物流运输成本与 GDP 比率的比较

下面通过中国与美国的货运周转量、各种运输方式单位运价与该年 GDP 数值计算运输成本占 GDP 的比率，因为单价数据年份与货运周转量年份有所不同，结果反映中美两国货运周转量、单位运价对运输成本与 GDP 比率的影响。

中国主要物流运输成本 = 货运周转量 × 运输单价

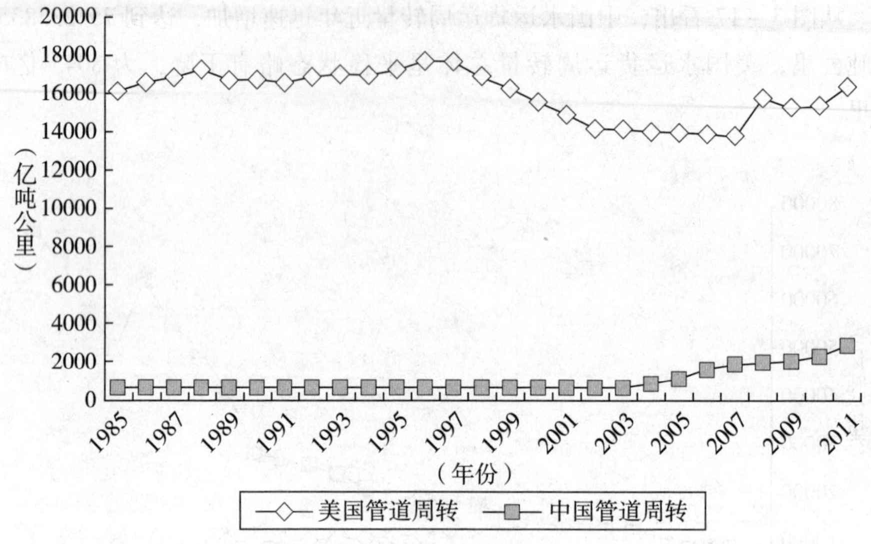

图3-18　中美管道运输周转量对比

数据来源：中国国家统计局、美国交通局网站。

从中国物流信息中心核算的运输成本来看①，我国各种运输方式的运输单价均低于美国，运输成本较高的原因在于在我国社会物流成本核算体系下，近年货运周转量高于同期美国货运周转量。

从表3-3还可看出，在中国现阶段的产业构成下，依据中国物流成本核算方法，即使管理成本与库存成本为零，整体运输成本与GDP的比率也将为9%左右，因此中国物流成本比美国高的主要因素之一为中国的工业比重高于美国，因此中国的货运周转量使中国运输成本与GDP的比率较高。

表3-3　　中美运输成本与GDP比率的比较（2011年）

	中国			
	铁路	公路	航空	水运
运输单价（元/吨公里）	0.1051	0.6	2	0.055
货物周转量（亿吨公里）	29466	51374	173	68427
运输成本总额（亿元）	38031			
GDP（亿元）	472881			
运输成本与GDP比率（%）	8.04			

① 曾庆宝博士核算2009年中美两国运输成本与GDP比率的比较。

续 表

美国				
	铁路	公路	航空	水运
运输单价（美元/吨公里）	0.075	0.16	0.6	0.05
货物周转量（亿吨公里）	27771	42544	195	8082
运输成本总额（亿美元）	9410.9			
GDP（亿美元）	155300			
运输成本与 GDP 比率（%）	6.06			

注：从完整性来看，还应包括管道运输成本等其他一些运输环节的成本，因此，此处中国和美国的运输成本与 GDP 的比率都低于实际数据 1 个百分点左右。此处运费为中美两国 2009 年数据，货运周转量为 2011 年中美两国数据。

数据来源：中国物流信息中心。

3.5 本章小结

中国社会物流成本核算中运输成本的主要影响因素为公路运输、铁路运输、航空运输、水运及油管运输的货运周转量。本章通过比较中美两国不同运输方式的货运周转量多年数额变化，得出运输方式对中国和美国的具体影响，并核算了中美具体年份的运输成本。

4 中美各产业社会物流总额的比较

社会物流的物品是指报告期内从供应地向接收地实体流动的全部物品，是社会物流产业活动的对象。

为避免重复计算，社会物流的物品按初次来源计算，即第一次进入国内需求领域，产生从供应地向接收地实体流动的物品。从国内社会物流物品的初次来源看，主要有以下五个方面：①第一次进入国内需求领域的农林牧渔业产品，简称农产品（以下同）；②第一次进入国内需求领域的工业产品，简称工业品（以下同）；③外部流入货物；④进入需求领域的再生资源商品，简称再生资源（以下同）；⑤单位与居民物品。包括铁路，航空运输中的行李，邮递业务中的包裹、信函、社会各界的各种捐赠物，单位与居民由于搬家迁居形成的物品装卸搬运与运输等。

4.1 中美保管成本与管理成本的比较

我们首先来看一下，中国国家发展与改革委员会及中国物流与采购联合会对保管成本和管理成本的定义和计算方法。

4.1.1 保管成本

保管成本是指社会物流活动中，物品从最初的资源供应方（生产环节、海关）向最终消费用户流动过程中，所发生的除运输成本和管理成本之外的全部成本。包括物流过程中因流动资金的占用而需承担的利息成本；仓储保管方面的成本；流通中配送、加工、包装、信息及相关服务方面的成本；物流过程中发生的保险成本和物品损耗成本等。

保管成本的基本计算公式：

保管成本 = 利息成本 + 仓储成本 + 保险成本 + 货物损耗成本 + 信息及相关服务成本 + 配送成本 + 流通加工成本 + 包装成本 + 其他保管成本

1. **利息成本**

利息成本是指社会物流活动中，物品从最初的资源供应方（生产环节、海关等）送达最终消费用户的过程中，因为流动资金的占用而需承担的利息支出。包括占用银行的贷款所支付的利息和占用自有资金应相应计算的利息成本。

利息成本的基本计算方法：

利息成本 = 社会物流总额 × 社会物流流动资金平均占用率 × 报告期银行贷款利率

式中，流动资金占用率是指报告期内物品最初供给部门完成全部物品从供给地流向最终需求地的社会物流活动中，所占用的流动资金的比率。即：

社会物流流动资金平均占用率 = 报告期流动资金平均余额 ÷ 报告期社会物流总额

社会物流总额根据前述测算取得，社会物流流动资金平均占用率根据企业物流调查资料加工计算，银行贷款利率来自中国人民银行制定公布的利率。

2. **仓储成本**

仓储成本是指社会物流活动中，为储存货物所需支付的成本。

仓储成本的基本计算方法：

仓储成本 = 社会物流总额 × 社会物流平均仓储成本率

式中，社会物流平均仓储成本率，指报告期内各物品最初供给部门完成全部物品从供给地流向最终需求地的社会物流活动中，仓储成本额占各部门物流总额比例的综合平均数。

3. **保险成本**

保险成本是指社会物流活动中，为预防和减少因物品丢失、损毁造成的损失，与社会保险部门共同承担风险，向社会保险部门支付的物品财产保险成本。

保险成本的基本计算方法：

保险成本 = 社会物流总额 × 社会物流平均保险成本率

式中，社会物流平均保险成本率，指报告期内各物品最初供给部门完成全部物品从供给地流向最终需求地的社会物流活动中，保险成本额占各部门物流总额比例的综合平均数。

4. **物品损耗成本**

物品损耗成本是指社会物流活动中，因物品的损耗，包括破损维修与完全损毁而发生的价值丧失。同时也包括部分时效性要求高的物品因物流时间较长而产生的折旧贬值损失。

物品损耗成本的基本计算方法：

物品损耗成本 = 社会物流总额 × 社会物流平均货物损耗成本率

式中，社会物流货物损耗成本率，是指报告期内各物品最初供给部门完成全部物品从供给地流向最终需求地的社会物流活动中，货物损耗成本额占各部门物流总额比例的综合平均数。

5. **信息及相关服务成本**

信息及相关服务成本是指社会物流活动中，支付的信息处理成本，包括支付的外部信息处理成本和本单位内部的信息处理费。

信息及相关服务成本的基本计算方法：

信息及相关服务成本 = 社会物流总额 × 社会物流平均信息及相关服务成本率

式中，社会物流平均信息及相关服务成本率，是指报告期内各物品最初供给部门完成全部物品从供给地流向最终需求地的社会物流活动中，信息及相关服务成本额占各部门物流总额比例的综合平均数。

6. **配送成本**

配送成本是指社会物流活动中，用户根据自身需要，要求物流服务提供方完成对物品进行拣选、加工、分割、组配、包装等作业，并按时送达指定地点的物流活动所需支付的全部服务成本。

配送成本的基本计算方法：

配送成本 = 社会物流总额 × 社会物流平均配送成本率

式中，社会物流平均配送成本率，是指报告期内各物品最初供给部门完成全部物品从供给地流向最终需求地的社会物流活动中，配送成本额占各部门物流总额比例的综合平均数。

7. **流通加工成本**

流通加工成本是指社会物流活动中，为满足用户的消费需要，在流通环节对物品进行加工改制作业所需支付的加工成本。

流通加工成本的基本计算方法：

流通加工成本＝社会物流总额×社会物流平均流通加工成本率

式中，社会物流平均流通加工成本率，是指报告期内各物品最初供给部门完成全部物品从供给地流向最终需求地的社会物流活动中，流通加工成本额占各部门物流总额比例的综合平均数。

8. **包装成本**

包装成本是指社会物流活动中，为保护产品、方便运输与储存、促进销售，采用容器、材料和辅助物对物品按一定技术方法进行分装、集装、运输包装等作业所需支付的成本。

包装成本的基本计算方法：

包装成本＝社会物流总额×社会物流平均包装成本率

式中，社会物流平均包装成本率，是指报告期内各物品最初供给部门完成全部物品从供给地流向最终需求地的社会物流活动中，包装成本额占各部门物流总额比例的综合平均数。

9. **其他保管成本**

其他保管成本是指在社会物流活动中，实际发生且由货主方承担的，未包含在前述几项成本之中的，属于保管成本之中的成本。根据实际发生情况统计。①

4.1.2　管理成本

管理成本是指社会物流活动中，物品供需双方的管理部门，因组织和管理各项物流活动所发生的成本。主要包括管理人员报酬、办公成本、教育培训、劳动保险、车船使用等各种属于管理成本科目的成本。

管理成本的基本计算方法：

管理成本＝社会物流总额×社会物流平均管理成本率

式中，社会物流平均管理成本率，是指报告期内各物品最初供给部门完成全部物品从供给地流向最终需求地的社会物流活动中，管理成本额占各部门物流总额比例的综合平均数。

---

①　详细内容可见国家发改委与中国物流与采购联合会2014年8月发布的《社会物流统计核算与报表制度》。

4.2 社会物流总额与产业增加值的比较

社会物流的物品总额，简称社会物流总额，即报告期内，社会物流物品的价值总额。同样包括五个方面：①进入需求领域的农产品物流总额；②进入需求领域的工业品物流总额；③外部流入货物物流总额，包括我国海关进口总额和从区域外流入的物品总额；④进入需求领域的再生资源物流总额；⑤单位与居民物品物流额。

社会物流总额在很大程度上决定社会物流产业活动的规模，它的增长变化一定程度上反映了物流需求的增长变化。

4.2.1 中国社会物流总额与产业增加值

中国社会物流总额与产业增加值变化如表 4－1 所示。

表 4－1　　中国社会物流总额与产业增加值变化　　单位：亿元

年份	第一产业增加值	农业物流总额	第二产业增加值	工业物流总额	第三产业增加值	进口货物总额	再生资源总额	单位与居民物品总额
1992	5866.6	3335	11699.5	31121	9357.4	4444	255	33
1993	6963.8	4281	16454.4	43780	11915.7	5990	382	42
1994	9572.7	6104	22445.4	62571	16179.8	9964	548	50
1995	12135.8	7951	28679.5	82584	19978.5	11029	607	59
1996	14015.4	8618	33835.0	89730	23326.2	11523	673	69
1997	14441.9	8996	37543.0	102501	26988.1	11817	746	78
1998	14817.6	9160	39004.2	107688	30580.5	11626	827	86
1999	14770.0	9138	41033.6	115827	33873.4	13736	917	98
2000	14944.7	9634	45555.9	142000	38714.0	18660	1017	116
2001	15781.3	10291	49512.3	163739	44361.6	20159	1127	126
2002	16537.0	10986	53896.8	196799	49898.9	24431	1249	132
2003	17381.7	11261	62436.3	249570	56004.7	34193	1385	187
2004	21412.7	11970	73904.3	324876	64561.3	46467	1535	190

续　表

年份	第一产业增加值	农业物流总额	第二产业增加值	工业物流总额	第三产业增加值	进口货物总额	再生资源总额	单位与居民物品总额
2005	22420. 0	12748	87598. 1	413161	74919. 3	54093	1776	205
2006	24040. 0	13546	103719. 5	516864	88554. 9	63267	2059	240
2007	28627. 0	15849	125831. 4	660878	111351. 9	72627	2436	493
2008	33702. 0	18638	149003. 4	798622	131340. 0	78603	2529	1402
2009	35226. 0	19439	157638. 8	874058	148038. 0	68570	2840	1632
2010	40533. 6	22355	187383. 2	1131031	173596. 0	94305	4464	1975
2011	47486. 2	26312	220412. 8	1436409	204982. 5	112430	5928	2463

数据来源：中国国家统计局。

从图 4 –1 可看出，中国历年农业的增加值高于农业的物流总额，农业的社会物流需求系数较低。

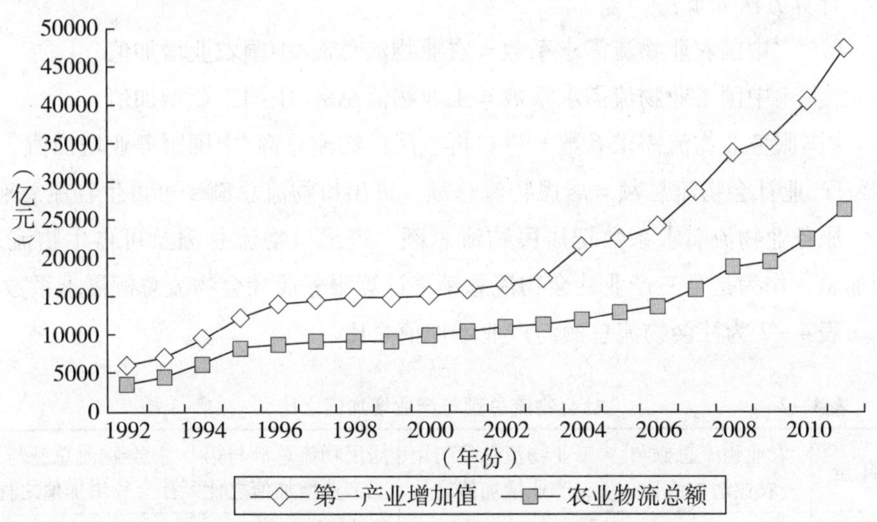

图 4 –1　中国农业物流总额与第一产业增加值变化

数据来源：中国国家统计局。

从图 4 –2 可看出，中国工业社会物流总额高于中国工业增加值，尤其近年来工业社会物流总额为工业增加值的几倍。

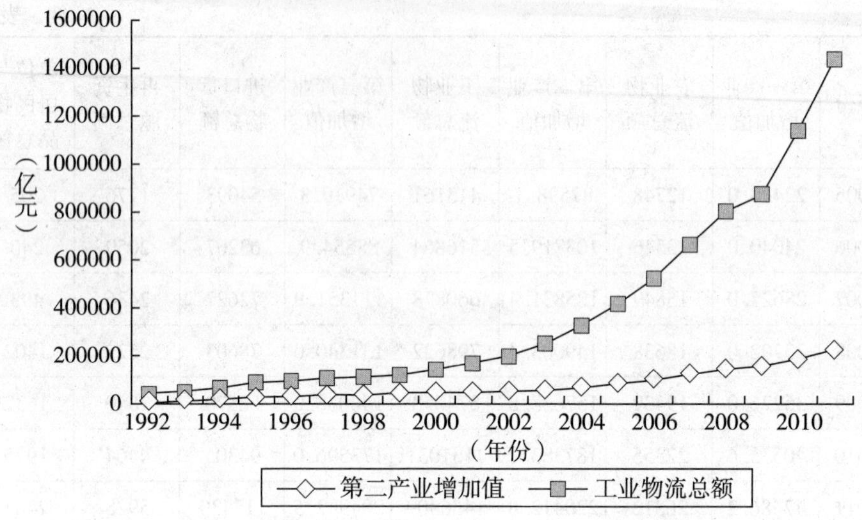

图4－2　中国工业物流总额与第二产业增加值变化

数据来源：中国国家统计局。

接下来通过社会物流总额的中美比较，反映中美物流成本中管理水平、库存水平及运输水平的差距。

计算方法如下：

中国农业物流需求系数＝农业物流总额/中国农业增加值

中国工业物流需求系数＝工业物流总额/中国工业增加值

中国服务业物流需求系数＝进口再生居民物流总额/中国服务业增加值

第三产业社会物流总额＝居民物流总额＋进出口物流总额＋可再生物流总额

服务业物流需求系数把居民物流总额、进出口物流总额及可再生物流总额加总，作为是第三产业社会物流总额来计算服务业社会物流总额需求系数。

表4－2为社会物流总额与产业增加值之比。

表4－2　社会物流总额与产业增加值之比

年份	农业物流总额与农业增加值比	工业物流总额与第二产业增加值之比	居民物流总额与第三产业增加值之比	社会物流总额与社会总增加值之比
1992	0.568472369	2.660028206	0.505697299	1.455532686
1993	0.614753843	2.660681441	0.538280049	1.541719479
1994	0.637646991	2.787698264	0.652790788	1.643994274
1995	0.655168388	2.879552376	0.585380446	1.681587909
1996	0.614895483	2.651990799	0.525802641	1.554064299

续　表

年份	农业物流总额与农业增加值比	工业物流总额与第二产业增加值之比	居民物流总额与第三产业增加值之比	社会物流总额与社会总增加值之比
1997	0.622910346	2.730229178	0.468390806	1.571903625
1998	0.618182717	2.760934249	0.410032997	1.532979919
1999	0.618685334	2.822736781	0.435473868	1.557990507
2000	0.644642281	3.117051111	0.511262685	1.727841255
2001	0.652102183	3.30703744	0.482669582	1.782332735
2002	0.664327686	3.651406347	0.517285933	1.941259698
2003	0.647864624	3.997193163	0.638606817	2.183698876
2004	0.559013154	4.39590048	0.746453463	2.408318757
2005	0.568599465	4.716552406	0.748458923	2.606195831
2006	0.563477537	4.983284655	0.740399589	2.755137562
2007	0.553638174	5.252093042	0.678533259	2.83014986
2008	0.553023559	5.359755453	0.628399635	2.865171476
2009	0.551836712	5.544689061	0.493400223	2.835233282
2010	0.551517753	6.03592495	0.580336006	3.123511915
2011	0.554097699	6.516903314	0.589420954	3.34870746

从图4－3看出，我国工业物流需求系数最高，农业与居民物流需求系数较低，总体来看中国社会物流需求系数呈上升趋势。

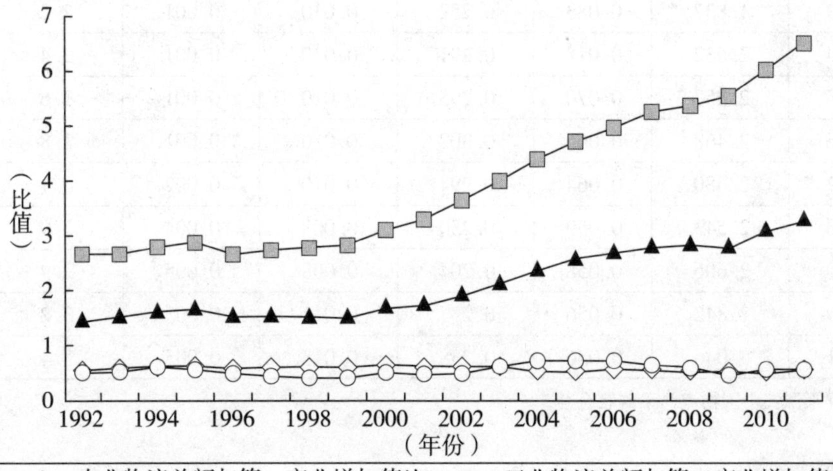

图4－3　中国各产业物流总额与产业比值（产业物流需求系数）

数据来源：中国国家统计局。

表4－3为中国物流与采购联合会发布的每单位GDP物流需求系数。从表4－3中我们可以看到工业品、农产品、进口货物、再生资源、单位与居民物品分类的单位GDP物流需求系数。

表4－3　每单位GDP物流需求系数

年份	工业品	农产品	进口货物	再生资源	单位与居民物品	合计
1991	1.083	0.150	0.157	0.009	0.001	1.4
1992	1.168	0.125	0.167	0.010	0.001	1.5
1993	1.239	0.121	0.170	0.011	0.001	1.5
1994	1.298	0.127	0.207	0.011	0.001	1.6
1995	1.358	0.131	0.181	0.010	0.001	1.7
1996	1.261	0.121	0.162	0.009	0.001	1.6
1997	1.298	0.114	0.150	0.009	0.001	1.6
1998	1.276	0.109	0.138	0.010	0.001	1.5
1999	1.292	0.102	0.153	0.010	0.001	1.6
2000	1.431	0.097	0.188	0.010	0.001	1.7
2001	1.493	0.094	0.184	0.010	0.001	1.8
2002	1.635	0.091	0.203	0.010	0.001	1.9
2003	1.837	0.083	0.252	0.010	0.001	2.2
2004	2.032	0.075	0.291	0.010	0.001	2.4
2005	2.257	0.070	0.295	0.010	0.001	2.6
2006	2.468	0.065	0.302	0.010	0.001	2.8
2007	2.680	0.064	0.294	0.010	0.002	3.1
2008	2.543	0.059	0.250	0.008	0.004	2.9
2009	2.606	0.058	0.204	0.008	0.005	2.9
2010	2.842	0.056	0.237	0.011	0.005	3.2
2011	3.046	0.056	0.238	0.013	0.005	3.4

数据来源：中国物流与采购联合会。

4.2.2　中美各产业社会物流总额与参考值

因为美国各产业社会物流总额数值难以获得，通过美国各产业增加值乘以中国各产业物流需求系数估算出在中国库存水平、管理水平及运输水平下的美国社会物流总额参考值。具体内容见表 4－4 至表 4－12（均用科学计数法表示）。

美国农业社会物流总额（参考值）= 美国农业增加值 × 中国农业社会物流需求系数

美国工业社会物流总额（参考值）= 美国工业增加值 × 中国工业社会物流需求系数

美国服务业社会物流总额（参考值）= 美国服务业增加值 × 中国服务业物流需求系数

表 4－4　中美 GDP 及中国农业社会物流总额与农业增加值比值

年份	中国 GDP（美元）	美国 GDP（美元）	中国农业 GDP 占比（%）	中国农业社会物流总额（美元）	中国农业物流总额与农业增加值比值（中国农业社会物流需求系数）
1992	4. 22661E + 11	6. 5393E + 12	21. 78990522	52354789010	0. 568472369
1993	4. 40501E + 11	6. 8787E + 12	19. 70843305	53370399205	0. 614753843
1994	5. 59224E + 11	7. 3087E + 12	19. 86124582	70822745664	0. 637646991
1995	7. 28008E + 11	7. 664E + 12	19. 96227499	95213570595	0. 655168388
1996	8. 56085E + 11	8. 1002E + 12	19. 6910103	1. 03654E + 11	0. 614895483
1997	9. 52653E + 11	8. 6085E + 12	18. 28710986	1. 08519E + 11	0. 622910346
1998	1. 01946E + 12	9. 0891E + 12	17. 55595413	1. 1064E + 11	0. 618182717
1999	1. 08328E + 12	9. 6657E + 12	16. 4702426	1. 10385E + 11	0. 618685334
2000	1. 19847E + 12	1. 02897E + 13	15. 06303446	1. 16375E + 11	0. 644642281
2001	1. 32481E + 12	1. 06253E + 13	14. 39172359	1. 24331E + 11	0. 652102183
2002	1. 45383E + 12	1. 09802E + 13	13. 74274917	1. 3273E + 11	0. 664327686
2003	1. 64096E + 12	1. 15122E + 13	12. 7973531	1. 36051E + 11	0. 647864624
2004	1. 93164E + 12	1. 2277E + 13	13. 39314276	1. 44621E + 11	0. 559013154
2005	2. 2569E + 12	1. 30954E + 13	12. 12302312	1. 55572E + 11	0. 568599465
2006	2. 71295E + 12	1. 38579E + 13	11. 11345205	1. 6989E + 11	0. 563477537
2007	3. 49406E + 12	1. 44803E + 13	10. 76971034	2. 08334E + 11	0. 553638174
2008	4. 52183E + 12	1. 47203E + 13	10. 7315685	2. 68362E + 11	0. 553023559
2009	4. 99023E + 12	1. 44179E + 13	10. 3331503	2. 84554E + 11	0. 551836712
2010	5. 9305E + 12	1. 49583E + 13	10. 09522	3. 30192E + 11	0. 551517753
2011	7. 32189E + 12	1. 55338E + 13	10. 03716006	4. 07212E + 11	0. 554097699

数据来源：世界银行、中国物流与采购联合会。

表 4-5　中国农业社会物流总额与美国农业社会物流总额（参考值）

年份	中国农业 GDP 占比（%）	中国农业社会物流总额（美元）	中国农业社会物流需求系数	美国农业 GDP 占比（%）	美国农业社会物流总额（参考值）
1992	21. 78990522	52354789010	0. 568472369	1. 9542741	72648407988
1993	19. 70843305	53370399205	0. 614753843	1. 8630289	78782039802
1994	19. 86124582	70822745664	0. 637646991	1. 8347775	85507431115
1995	19. 96227499	95213570595	0. 655168388	1. 6078115	80731598696
1996	19. 6910103	1. 03654E+11	0. 614895483	1. 8057156	89938654056
1997	18. 28710986	1. 08519E+11	0. 622910346	1. 6857589	90395850179
1998	17. 55595413	1. 1064E+11	0. 618182717	1. 3000897	73048459117
1999	16. 4702426	1. 10385E+11	0. 618685334	1. 219934	72952383261
2000	15. 06303446	1. 16375E+11	0. 644642281	1. 1909789	78999721139
2001	14. 39172359	1. 24331E+11	0. 652102183	1. 1814028	81856819196
2002	13. 74274917	1. 3273E+11	0. 664327686	1. 0092412	73618606646
2003	12. 7973531	1. 36051E+11	0. 647864624	1. 1972976	89298611934
2004	13. 39314276	1. 44621E+11	0. 559013154	1. 345075	92312560477
2005	12. 12302312	1. 55572E+11	0. 568599465	1. 212484	90282010064
2006	11. 11345205	1. 6989E+11	0. 563477537	1. 0428952	81435676853
2007	10. 76971034	2. 08334E+11	0. 553638174	1. 1301697	90603972315
2008	10. 7315685	2. 68362E+11	0. 553023559	1. 2203784	99347013765
2009	10. 3331503	2. 84554E+11	0. 551836712	1. 1194607	89067946975
2010	10. 09522	3. 30192E+11	0. 551517753	1. 192126	98347629991
2011	10. 03716006	4. 07212E+11	0. 554097699	1. 2454228	1. 07197E+11

数据来源：世界银行、中国物流与采购联合会。

从图 4-4 可以看出，中国农业社会物流总额近年来急速增加，美国农业社会物流总额参考值较为平稳。

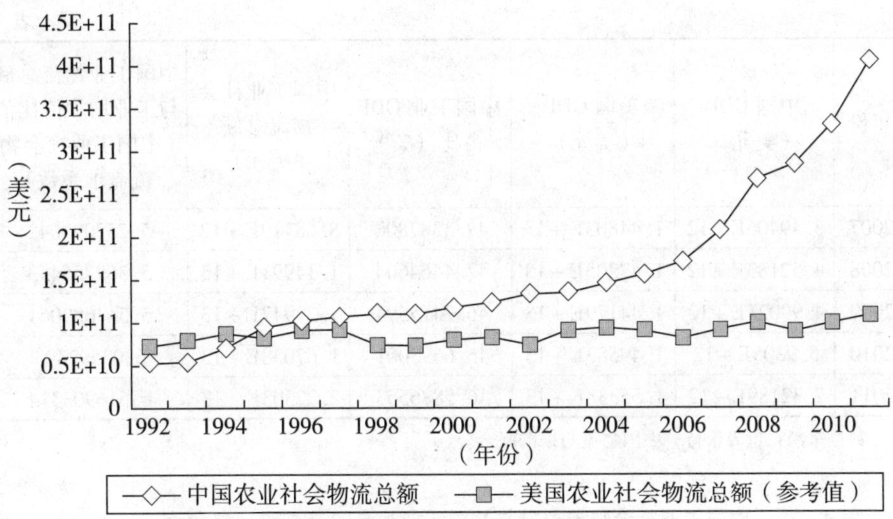

图 4－4　中美农业社会物流总额比较

数据来源：世界银行、中国物流与采购联合会。

表 4－6　中美 GDP 及中国工业社会物流总额与工业增加值比值

年份	中国 GDP（美元）	美国 GDP（美元）	中国工业 GDP 占比（%）	中国工业社会物流总额（美元）	中国工业物流总额与工业增加值比值（中国工业社会物流需求系数）
1992	4. 22661E + 11	6. 5393E + 12	43. 4546409	4. 88556E + 11	2. 660028206
1993	4. 40501E + 11	6. 8787E + 12	46. 5683658	5. 45797E + 11	2. 660681441
1994	5. 59224E + 11	7. 3087E + 12	46. 569289	7. 25991E + 11	2. 787698264
1995	7. 28008E + 11	7. 664E + 12	47. 1750259	9. 88947E + 11	2. 879552376
1996	8. 56085E + 11	8. 1002E + 12	47. 5366384	1. 07924E + 12	2. 651990799
1997	9. 52653E + 11	8. 6085E + 12	47. 539014	1. 23647E + 12	2. 730229178
1998	1. 01946E + 12	9. 0891E + 12	46. 2122453	1. 30072E + 12	2. 760934249
1999	1. 08328E + 12	9. 6657E + 12	45. 7570576	1. 39916E + 12	2. 822736781
2000	1. 19847E + 12	1. 02897E + 13	45. 9165273	1. 71531E + 12	3. 117051111
2001	1. 32481E + 12	1. 06253E + 13	45. 1527189	1. 97822E + 12	3. 30703744
2002	1. 45383E + 12	1. 09802E + 13	44. 7897975	2. 37767E + 12	3. 651406347
2003	1. 64096E + 12	1. 15122E + 13	45. 9689627	3. 01521E + 12	3. 997193163
2004	1. 93164E + 12	1. 2277E + 13	46. 2253441	3. 92514E + 12	4. 39590048
2005	2. 2569E + 12	1. 30954E + 13	47. 3663567	5. 04205E + 12	4. 716552406
2006	2. 71295E + 12	1. 38579E + 13	47. 9485088	6. 48235E + 12	4. 983284655

续 表

年份	中国 GDP（美元）	美国 GDP（美元）	中国工业 GDP 占比（%）	中国工业社会物流总额（美元）	中国工业物流总额与工业增加值比值（中国工业社会物流需求系数）
2007	3. 49406E + 12	1. 44803E + 13	47. 3387808	8. 68719E + 12	5. 252093042
2008	4. 52183E + 12	1. 47203E + 13	47. 4464604	1. 14991E + 13	5. 359755453
2009	4. 99023E + 12	1. 44179E + 13	46. 2415594	1. 27947E + 13	5. 544689061
2010	5. 9305E + 12	1. 49583E + 13	46. 6693001	1. 67058E + 13	6. 03592495
2011	7. 32189E + 12	1. 55338E + 13	46. 5886553	2. 22303E + 13	6. 516903314

数据来源：世界银行、中国物流与采购联合会。

表 4 – 7　中国工业社会物流总额与美国工业社会物流总额（参考值）

年份	中国工业 GDP 占比（%）	中国工业社会物流总额（美元）	中国工业社会物流需求系数	美国工业增加值占比（%）	美国工业社会物流总额（参考值）
1992	43. 4546409	4. 88556E + 11	2. 660028206	25. 83908	4. 49464E + 12
1993	46. 5683658	5. 45797E + 11	2. 660681441	25. 69966	4. 70356E + 12
1994	46. 569289	7. 25991E + 11	2. 787698264	26. 18027	5. 33409E + 12
1995	47. 1750259	9. 88947E + 11	2. 879552376	26. 30791	5. 80586E + 12
1996	47. 5366384	1. 07924E + 12	2. 651990799	25. 82548	5. 54774E + 12
1997	47. 539014	1. 23647E + 12	2. 730229178	25. 36579	5. 96177E + 12
1998	46. 2122453	1. 30072E + 12	2. 760934249	24. 09958	6. 04765E + 12
1999	45. 7570576	1. 39916E + 12	2. 822736781	24. 047	6. 56092E + 12
2000	45. 9165273	1. 71531E + 12	3. 117051111	23. 44063	7. 51824E + 12
2001	45. 1527189	1. 97822E + 12	3. 30703744	22. 29506	7. 8341E + 12
2002	44. 7897975	2. 37767E + 12	3. 651406347	21. 79799	8. 73951E + 12
2003	45. 9689627	3. 01521E + 12	3. 997193163	21. 56878	9. 92519E + 12
2004	46. 2253441	3. 92514E + 12	4. 39590048	22. 03938	1. 18943E + 13
2005	47. 3663567	5. 04205E + 12	4. 716552406	22. 18555	1. 37029E + 13
2006	47. 9485088	6. 48235E + 12	4. 983284655	22. 24089	1. 53591E + 13
2007	47. 3387808	8. 68719E + 12	5. 252093042	21. 98673	1. 67213E + 13
2008	47. 4464604	1. 14991E + 13	5. 359755453	21. 13257	1. 6673E + 13
2009	46. 2415594	1. 27947E + 13	5. 544689061	19. 57819	1. 56513E + 13
2010	46. 6693001	1. 67058E + 13	6. 03592495	19. 79004	1. 78679E + 13
2011	46. 5886553	2. 22303E + 13	6. 516903314	20. 15034	2. 03986E + 13

数据来源：世界银行、中国物流与采购联合会。

从图 4－5 可以看出，近年来中国工业社会物流总额与美国工业社会物流总额参考值。

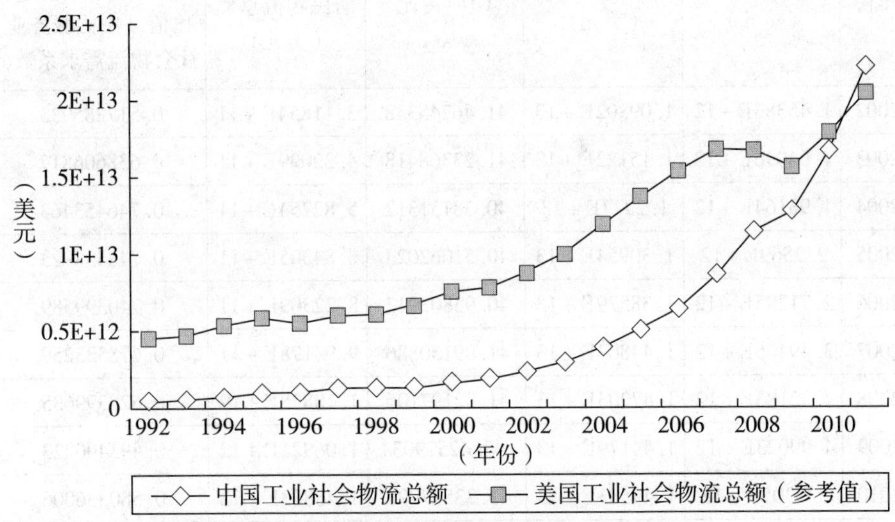

图 4－5　中美工业社会物流总额比较

数据来源：世界银行、中国物流与采购联合会。

表 4－8　中美 GDP 及中国居民物流总额与服务业增加值比值

年份	中国 GDP（美元）	美国 GDP（美元）	中国服务业 GDP 占比（%）	中国进口再生居民物流总额（美元）	中国居民物流总额与服务业增加值比值（中国服务业社会物流需求系数）
1992	4.22661E+11	6.5393E+12	34.75545392	74285715620	0.505697299
1993	4.40501E+11	6.8787E+12	33.72320116	79962097757	0.538280049
1994	5.59224E+11	7.3087E+12	33.56946518	1.22547E+11	0.652790788
1995	7.28008E+11	7.664E+12	32.8626991	1.40048E+11	0.585380446
1996	8.56085E+11	8.1002E+12	32.77235128	1.47519E+11	0.525802641
1997	9.52653E+11	8.6085E+12	34.17387611	1.52489E+11	0.468390806
1998	1.01946E+12	9.0891E+12	36.2318006	1.51454E+11	0.410032997
1999	1.08328E+12	9.6657E+12	37.77269982	1.78189E+11	0.435473868
2000	1.19847E+12	1.02897E+13	39.0204382	2.39092E+11	0.511262685
2001	1.32481E+12	1.06253E+13	40.45555747	2.58691E+11	0.482669582

续 表

年份	中国 GDP（美元）	美国 GDP（美元）	中国服务业 GDP 占比（%）	中国进口再生居民物流总额（美元）	中国居民物流总额与服务业增加值比值（中国服务业社会物流需求系数）
2002	1.45383E+12	1.09802E+13	41.46745338	3.11854E+11	0.517285933
2003	1.64096E+12	1.15122E+13	41.23368418	4.32099E+11	0.638606817
2004	1.93164E+12	1.2277E+13	40.38151312	5.82254E+11	0.746453463
2005	2.2569E+12	1.30954E+13	40.51062023	6.84305E+11	0.748458923
2006	2.71295E+12	1.38579E+13	40.93803912	8.22309E+11	0.740399589
2007	3.49406E+12	1.44803E+13	41.89150886	9.93178E+11	0.678533259
2008	4.52183E+12	1.47203E+13	41.82197106	1.18838E+12	0.628399635
2009	4.99023E+12	1.44179E+13	43.4252903	1.06921E+12	0.493400223
2010	5.9305E+12	1.49583E+13	43.23547992	1.48803E+12	0.580336006
2011	7.32189E+12	1.55338E+13	43.37418467	1.87189E+12	0.589420954

数据来源：世界银行、中国物流与采购联合会。

表 4－9　　中国与美国进口再生居民社会物流总额（参考值）

年份	中国服务业社会物流需求系数	中国服务业 GDP 占比（%）	中国进口再生居民物流总额（美元）	美国服务业 GDP 占比（%）	美国进口再生居民物流总额（参考值）
1992	0.505697299	34.75545392	74285715620	72.20664	2.38781E+12
1993	0.538280049	33.72320116	79962097757	72.43731	2.68211E+12
1994	0.652790788	33.56946518	1.22547E+11	71.98495	3.43444E+12
1995	0.585380446	32.8626991	1.40048E+11	72.08428	3.23396E+12
1996	0.525802641	32.77235128	1.47519E+11	72.3688	3.08226E+12
1997	0.468390806	34.17387611	1.52489E+11	72.94845	2.94139E+12
1998	0.410032997	36.2318006	1.51454E+11	74.60033	2.78023E+12
1999	0.435473868	37.77269982	1.78189E+11	74.73307	3.14563E+12
2000	0.511262685	39.0204382	2.39092E+11	75.36839	3.96493E+12
2001	0.482669582	40.45555747	2.58691E+11	76.52354	3.92452E+12

续　表

年份	中国服务业社会物流需求系数	中国服务业GDP占比（%）	中国进口再生居民物流总额（美元）	美国服务业GDP占比（%）	美国进口再生居民物流总额（参考值）
2002	0.517285933	41.46745338	3.11854E+11	77.19277	4.38447E+12
2003	0.638606817	41.23368418	4.32099E+11	77.23392	5.67806E+12
2004	0.746453463	40.38151312	5.82254E+11	76.61555	7.02121E+12
2005	0.748458923	40.51062023	6.84305E+11	76.60197	7.50804E+12
2006	0.740399589	40.93803912	8.22309E+11	76.71621	7.87138E+12
2007	0.678533259	41.89150886	9.93178E+11	76.8831	7.55405E+12
2008	0.628399635	41.82197106	1.18838E+12	77.64705	7.18253E+12
2009	0.493400223	43.4252903	1.06921E+12	79.30235	5.64141E+12
2010	0.580336006	43.23547992	1.48803E+12	79.01784	6.85941E+12
2011	0.589420954	43.37418467	1.87189E+12	78.60424	7.19696E+12

数据来源：世界银行、中国物流与采购联合会。

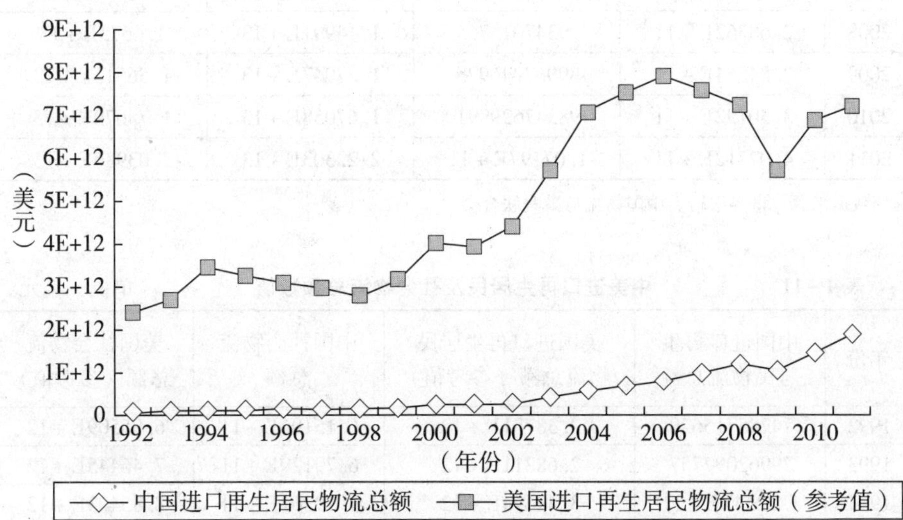

图4-6　中美进口再生居民物流总额比较

数据来源：世界银行、中国物流与采购联合会。

表4-10　中美农业、工业社会物流总额数值　单位：美元

年份	中国农业社会物流总额	美国农业社会物流总额（参考值）	中国工业社会物流总额	美国工业社会物流总额（参考值）
1992	52354789010	72648407988	4.88556E+11	4.49464E+12
1993	53370399205	78782039802	5.45797E+11	4.70356E+12
1994	70822745664	85507431115	7.25991E+11	5.33409E+12
1995	95213570595	80731598696	9.88947E+11	5.80586E+12
1996	1.03654E+11	89938654056	1.07924E+12	5.54774E+12
1997	1.08519E+11	90395850179	1.23647E+12	5.96177E+12
1998	1.1064E+11	73048459117	1.30072E+12	6.04765E+12
1999	1.10385E+11	72952383261	1.39916E+12	6.56092E+12
2000	1.16375E+11	78999721139	1.71531E+12	7.51824E+12
2001	1.24331E+11	81856819196	1.97822E+12	7.8341E+12
2002	1.3273E+11	73618606646	2.37767E+12	8.73951E+12
2003	1.36051E+11	89298611934	3.01521E+12	9.92519E+12
2004	1.44621E+11	92312560477	3.92514E+12	1.18943E+13
2005	1.55572E+11	90282010064	5.04205E+12	1.37029E+13
2006	1.6989E+11	81435676853	6.48235E+12	1.53591E+13
2007	2.08334E+11	90603972315	8.68719E+12	1.67213E+13
2008	2.68362E+11	99347013765	1.14991E+13	1.6673E+13
2009	2.84554E+11	89067946975	1.27947E+13	1.56513E+13
2010	3.30192E+11	98347629991	1.67058E+13	1.78679E+13
2011	4.07212E+11	1.07197E+11	2.22303E+13	2.03986E+13

数据来源：世界银行、中国物流与采购联合会。

表4-11　中美进口再生居民及社会物流总额数值　单位：美元

年份	中国进口再生居民物流总额	美国进口再生居民物流总额（参考值）	中国社会物流总额	美国社会物流总额（参考值）
1992	74285715620	2.38781E+12	6.15196E+11	6.95509E+12
1993	79962097757	2.68211E+12	6.79129E+11	7.46445E+12
1994	1.22547E+11	3.43444E+12	9.19361E+11	8.85403E+12
1995	1.40048E+11	3.23396E+12	1.22421E+12	9.12055E+12
1996	1.47519E+11	3.08226E+12	1.33041E+12	8.71994E+12
1997	1.52489E+11	2.94139E+12	1.49748E+12	8.99355E+12

续 表

年份	中国进口再生居民物流总额	美国进口再生居民物流总额（参考值）	中国社会物流总额	美国社会物流总额（参考值）
1998	1. 51454E + 11	2. 78023E + 12	1. 56281E + 12	8. 90092E + 12
1999	1. 78189E + 11	3. 14563E + 12	1. 68774E + 12	9. 7795E + 12
2000	2. 39092E + 11	3. 96493E + 12	2. 07077E + 12	1. 15622E + 13
2001	2. 58691E + 11	3. 92452E + 12	2. 36125E + 12	1. 18405E + 13
2002	3. 11854E + 11	4. 38447E + 12	2. 82226E + 12	1. 31976E + 13
2003	4. 32099E + 11	5. 67806E + 12	3. 58336E + 12	1. 56926E + 13
2004	5. 82254E + 11	7. 02121E + 12	4. 65202E + 12	1. 90078E + 13
2005	6. 84305E + 11	7. 50804E + 12	5. 88193E + 12	2. 13013E + 13
2006	8. 22309E + 11	7. 87138E + 12	7. 47455E + 12	2. 33119E + 13
2007	9. 93178E + 11	7. 55405E + 12	9. 8887E + 12	2. 4366E + 13
2008	1. 18838E + 12	7. 18253E + 12	1. 29558E + 13	2. 39549E + 13
2009	1. 06921E + 12	5. 64141E + 12	1. 41485E + 13	2. 13818E + 13
2010	1. 48803E + 12	6. 85941E + 12	1. 8524E + 13	2. 48256E + 13
2011	1. 87189E + 12	7. 19696E + 12	2. 45094E + 13	2. 77028E + 13

数据来源：世界银行、中国物流与采购联合会。

从图 4 - 7 我们可以看出，近年来中国社会物流总额与美国社会物流总额参考值。

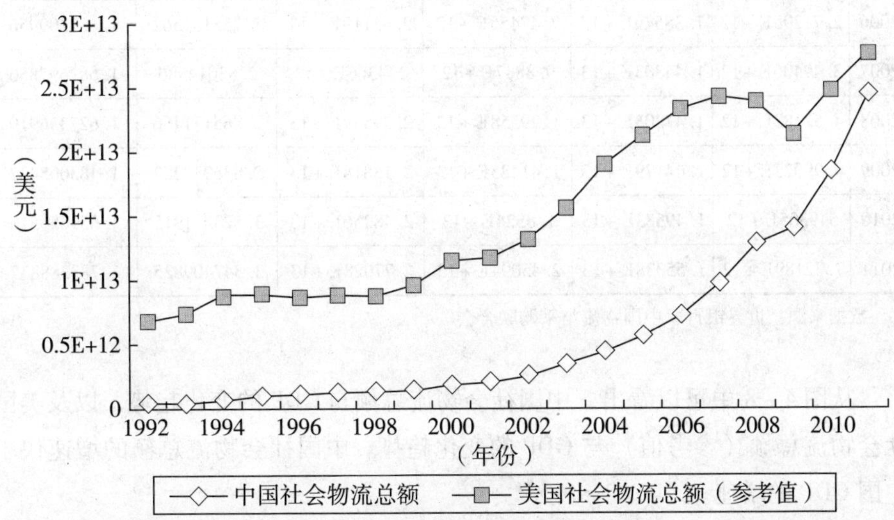

图 4 - 7　中美社会物流总额比较

数据来源：世界银行、中国物流与采购联合会。

表 4－12　　中美两国各自社会物流总额与 GDP 比值

年份	中国 GDP（美元）	美国 GDP（美元）	中国社会物流总额	美国社会物流总额（参考值）	中国社会物流总额与 GDP 比值	美国社会物流总额与 GDP 比值（参考值）
1992	4.22661E+11	6.5393E+12	6.15196E+11	6.95509E+12	1.455532686	1.063583427
1993	4.40501E+11	6.8787E+12	6.79129E+11	7.46445E+12	1.541719479	1.08515468
1994	5.59224E+11	7.3087E+12	9.19361E+11	8.85403E+12	1.643994274	1.21143749
1995	7.28008E+11	7.664E+12	1.22421E+12	9.12055E+12	1.681587909	1.19005112
1996	8.56085E+11	8.1002E+12	1.33041E+12	8.71994E+12	1.554064299	1.0765097
1997	9.52653E+11	8.6085E+12	1.49748E+12	8.99355E+12	1.571903625	1.044728808
1998	1.01946E+12	9.0891E+12	1.56281E+12	8.90092E+12	1.532979919	0.979296539
1999	1.08328E+12	9.6657E+12	1.68774E+12	9.7795E+12	1.557990507	1.011774007
2000	1.19847E+12	1.02897E+13	2.07077E+12	1.15622E+13	1.727841255	1.123664424
2001	1.32481E+12	1.06253E+13	2.36125E+12	1.18405E+13	1.782332735	1.114365715
2002	1.45383E+12	1.09802E+13	2.82226E+12	1.31976E+13	1.941259698	1.201945182
2003	1.64096E+12	1.15122E+13	3.58336E+12	1.56926E+13	2.183698876	1.363123736
2004	1.93164E+12	1.2277E+13	4.65202E+12	1.90078E+13	2.408318757	1.548247667
2005	2.2569E+12	1.30954E+13	5.88193E+12	2.13013E+13	2.606195831	1.626621495
2006	2.71295E+12	1.38579E+13	7.47455E+12	2.33119E+13	2.755137562	1.682209956
2007	3.49406E+12	1.44803E+13	9.8887E+12	2.4366E+13	2.83014986	1.682697856
2008	4.52183E+12	1.47203E+13	1.29558E+13	2.39549E+13	2.865171466	1.627336919
2009	4.99023E+12	1.44179E+13	1.41485E+13	2.13818E+13	2.835233282	1.483005432
2010	5.9305E+12	1.49583E+13	1.8524E+13	2.48256E+13	3.123511915	1.659655516
2011	7.32189E+12	1.55338E+13	2.45094E+13	2.77028E+13	3.347409825	1.783388837

数据来源：世界银行、中国物流与采购联合会。

从图 4－8 中可以看出，中国社会物流总额与 GDP 的变化趋势，以及美国社会物流总额（参考值）与 GDP 的变化趋势。中国社会物流总额的增速快于中国 GDP 的增速。

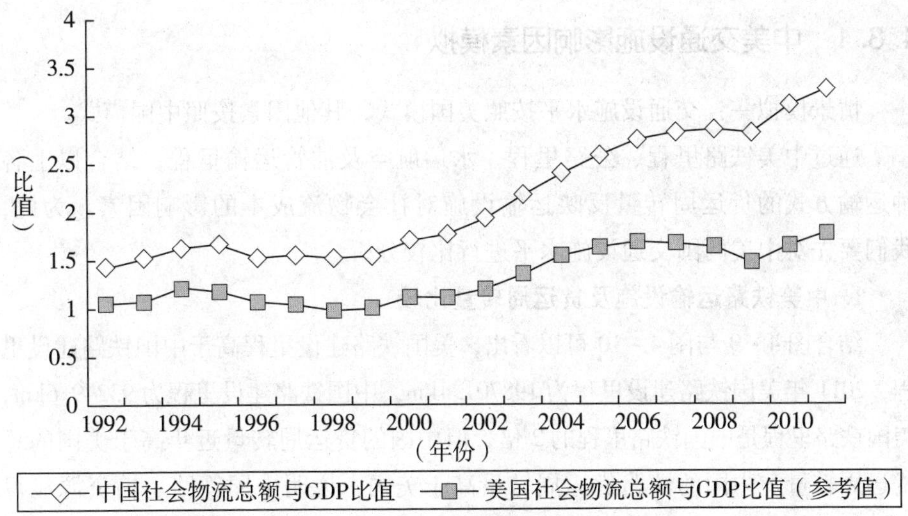

图4-8　中美两国各自社会物流总额与GDP的比值

数据来源：世界银行、中国物流与采购联合会。

4.3　中美物流成本影响因素情景模拟

通过第2章、第3章中国、美国、欧洲、日本社会物流核算方法的比较及国家发展与改革委员会、中国物流与采购联合会制定的《社会物流统计核算与报表制度》的具体核算方法分析，我们可以得出，影响社会物流成本的主要因素为：交通设施水平、管理库存水平、三大产业对GDP贡献的百分比、单位运价，而中国社会物流成本与GDP比率为18%，这些影响因素所对应的具体百分比是多少，需要我们通过中美比较及情景模拟的方法来探讨。

选择美国与中国进行情景模拟指标比较的原因是：在物流环境较好、社会物流成本占GDP较低的国家中，美国的国土面积与中国接近；中美社会物流核算方法的主要构成因素接近；美国管理水平、仓储水平世界领先，方便看到中国与物流先进国家间影响因素的差距；美国的物流数据相对完整、透明、充分，方便中国和美国之间的指标比较。

因此，接下来通过交通设施、管理库存水平、三大产业对GDP贡献的百分比、单位运价四个因素的中美模式比较，进行情景模拟来分析影响物流成本与GDP比率的具体变化。我们在下面的模拟比较中，往往假定其他因素不变，单独分析某个因素变化产生的影响。

4.3.1 中美交通设施影响因素模拟

情景模拟一：交通设施水平按照美国模式，其他因素按照中国模式。

通过中美铁路里程、公路里程、水运航空及油管运输里程，结合以上各种运输方式的货运周转量反映运输设施对社会物流成本的影响因素。为此，我们要先对中美两国交通设施水平进行比较分析。

1. 中美铁路运输设施及货运周转量比较

结合图4-9与图4-10可以看出，美国铁路建设里程高于中国铁路建设里程，2011年美国铁路建设里程为198701.4km，中国铁路建设里程为93249.6km，美国铁路里程是中国铁路里程的2倍，但中国的货运周转量近年高于美国的总货运周转量。中国的铁路货运周转量高于美国，说明中国铁路运输资源显得更为稀缺，由此可能出现待运货物积压等问题，也说明中国铁路基础设施建设应该得到重视。

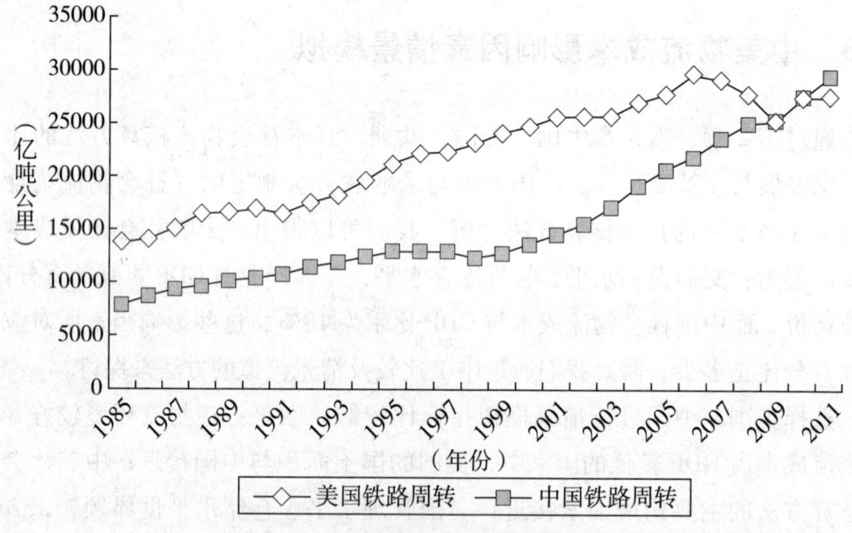

图4-9 中美铁路货运周转量对比

数据来源：中国国家统计局、美国交通局网站。

2. 中美公路运输设施及货运周转量比较

从图4-11可以看出，中美两国公路货运周转量一直呈上升趋势，美国公路货运周转量缓慢上升，2008年由于美国金融危机货运周转量有所下降，2009年之后继续上升。中国货运周转量从2007年开始大幅度上升，在2009

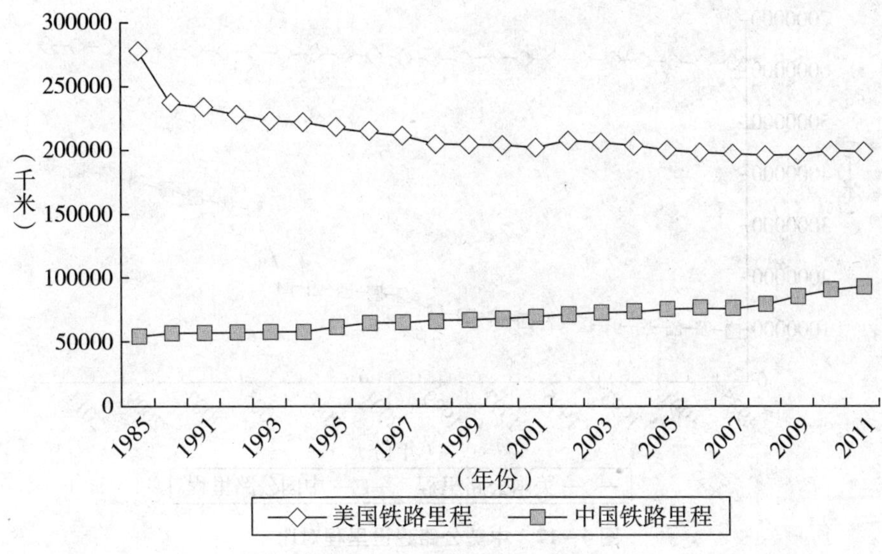

图 4－10　中美铁路建设里程对比

数据来源：中国国家统计局、美国交通局网站。

年中国货运周转量超过美国货运周转量。

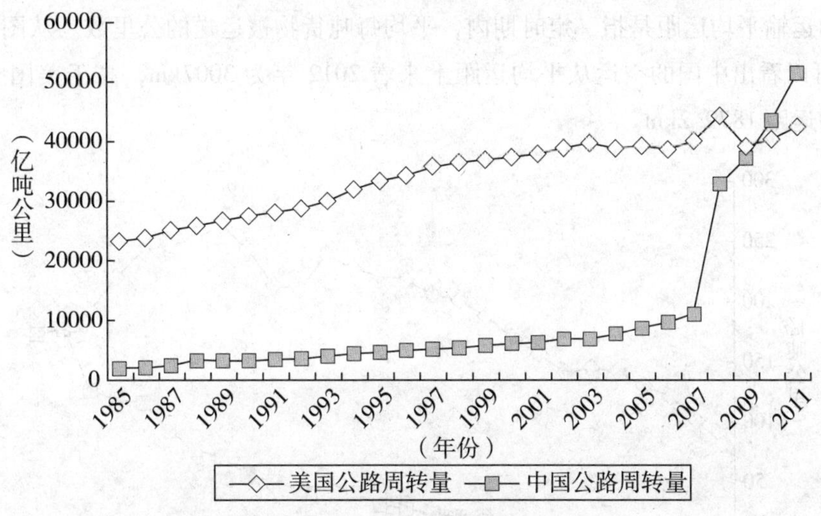

图 4－11　中美公路货运周转量对比

数据来源：中国国家统计局、美国交通局网站。

图 4－12 显示中美公路建设里程的多年情况，可以看出美国公路里程远高于中国公路里程，2011 年达到 6548368km，但中国从 2004 年开始公路里程持续增加，2011 年达到 4237500km，只是美国同期的 64.7％。

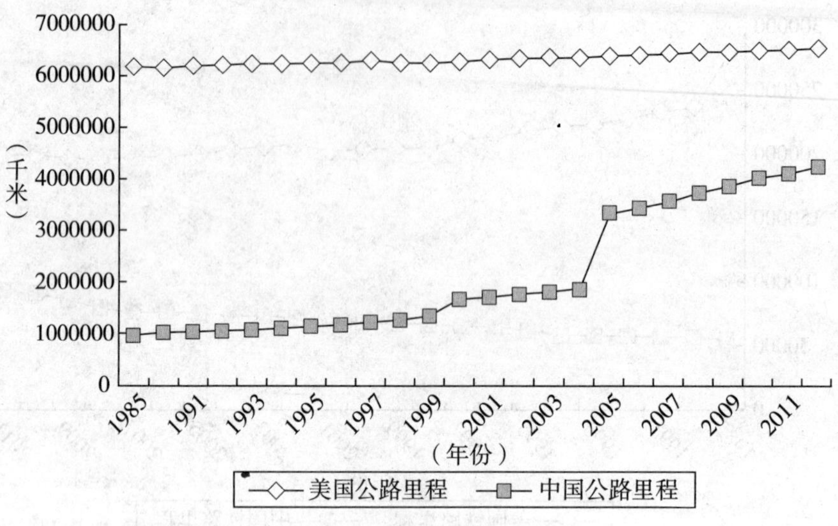

图 4－12　中美公路建设里程对比

数据来源：中国国家统计局、美国交通局网站。

3. 中美空运距离及空运周转量比较

从图 4－13 可以看出，中国空运货运周转量增长很快，但仍低于美国。货物运输平均运距是指一定时期内，平均每吨货物被运送的公里数。从图 4－14 可以看出中国的空运从平均运距上来看 2012 年为 3007km，高于美国空运平均运距 1879. 2km。

图 4－13　中美空运货运周转量对比

数据来源：中国国家统计局、美国交通局网站。

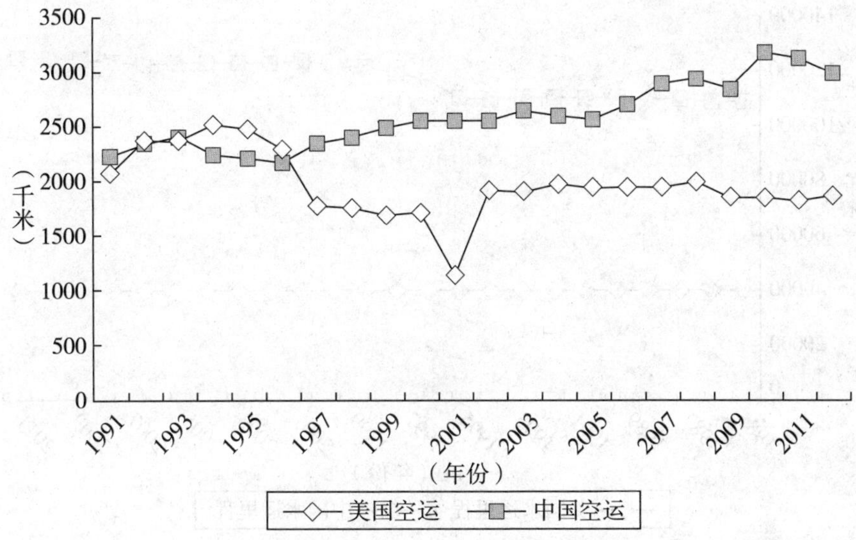

图 4－14 中美空运平均运距对比对比

数据来源：中国国家统计局、美国交通局网站。

4. 中美水运建设里程及货运周转量比较

结合图 4－15、图 4－16 可以看出中国的水运从设施、货运周转量来说，均超过美国。

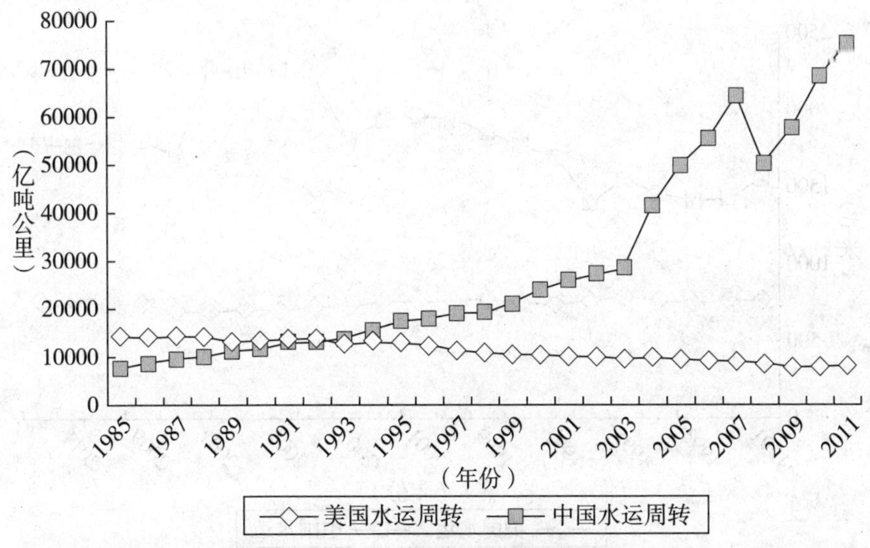

图 4－15 中美水运货运周转量对比

数据来源：中国国家统计局、美国交通局网站。

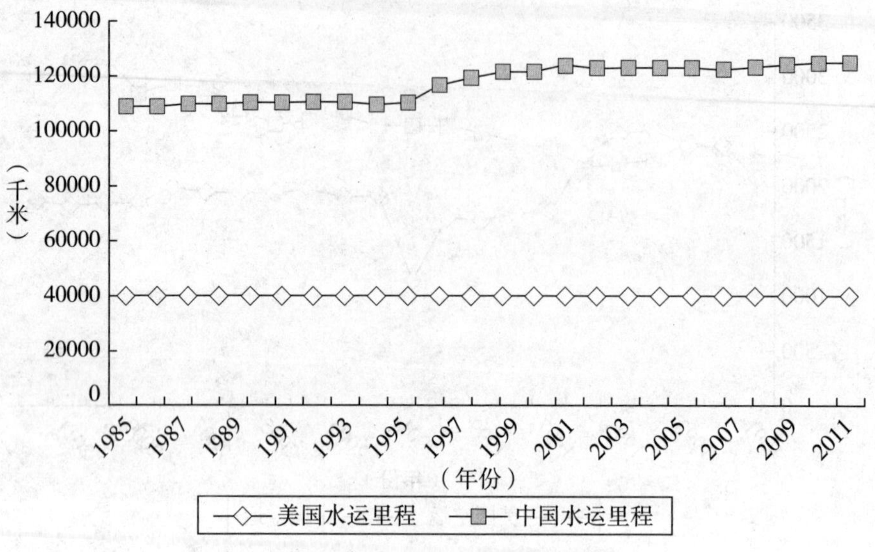

图 4－16　中美水运建设里程对比

数据来源：中国国家统计局、美国交通局网站。

图 4－17 为中美历年水运货物运输平均运距比较，货物运输平均运距是指一定时期内，平均每吨货物被运送的公里数。因此中国水运里程高于美国的同时，单位货物运输公里数也高于美国。

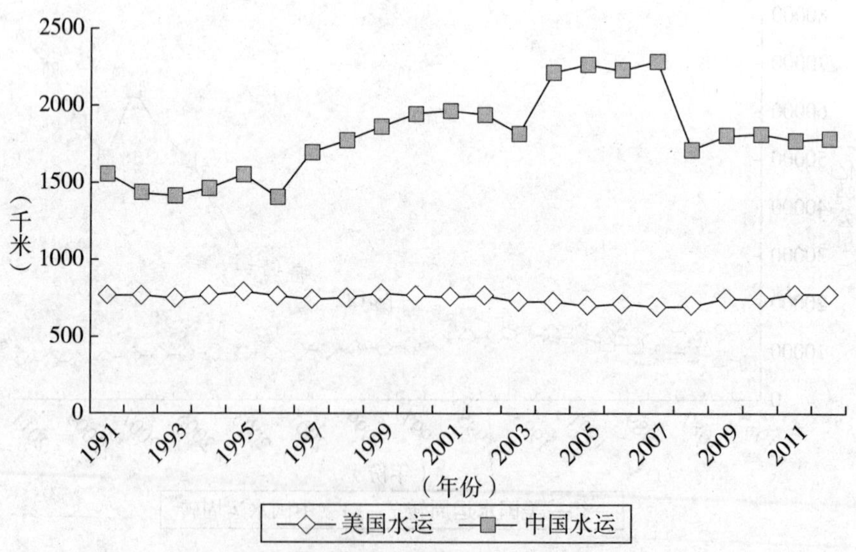

图 4－17　中美水运货物运输平均运距对比

数据来源：中国国家统计局、美国交通局网站。

5. **中美油管运输里程及货运周转量比较**

从图 4－18 可以看出 2011 年美国的管道货运周转量为 16384 亿吨公里，中国的管道货运周转量为 2885 亿吨公里，为美国的 17.61%。

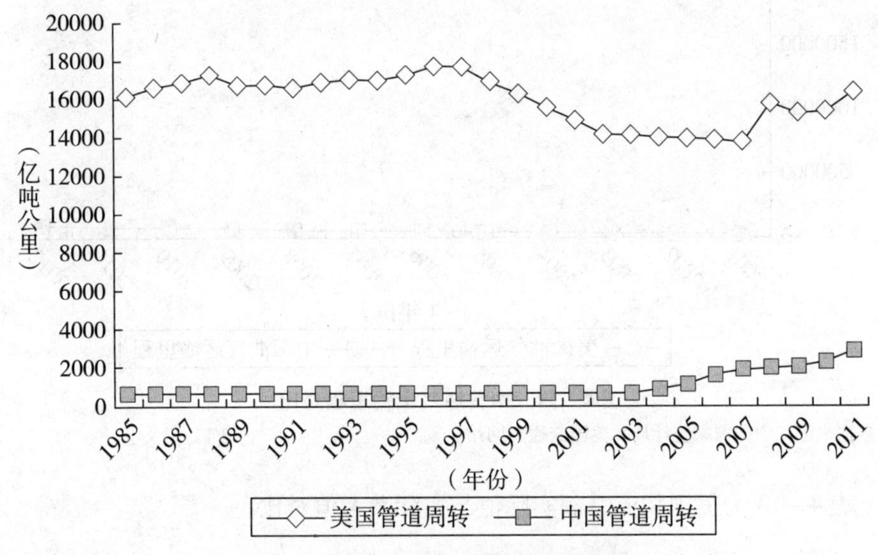

图 4－18　中美管道运输周转量对比

数据来源：中国国家统计局、美国交通局网站。

从图 4－19 可以看出美国 2012 年管道运输公里数为 2803224km，中国管道运输公里数为 90100km，为美国的 3.2%，美国油气管道建设里程大大高于中国。

通过图 4－19 中美运输交通里程的比较，可以看出在交通运输设施方面，中国与美国有较大差距。为了分析交通运输设施滞后的影响，我们在模拟情景中假定中国具有美国的交通运输设施，中国社会物流成本占 GDP 增加值在其他因素方面不变，仍按照中国标准，经模拟计算得出：中国社会物流成本占 GDP 的百分比可从 18% 降为 16% 左右。

4.3.2　中美库存管理水平影响因素模拟

情景模拟二：不改变产业结构，库存水平及管理水平依照美国标准。

通过美国物流总额在中国库存水平及管理水平下的估算与美国交通局网站给出的美国社会物流总额之间的比较，得出美国物流与中国物流库存水平与管理水平之间的差距，估算中国在美国库存及管理水平下新的社会物流成本。

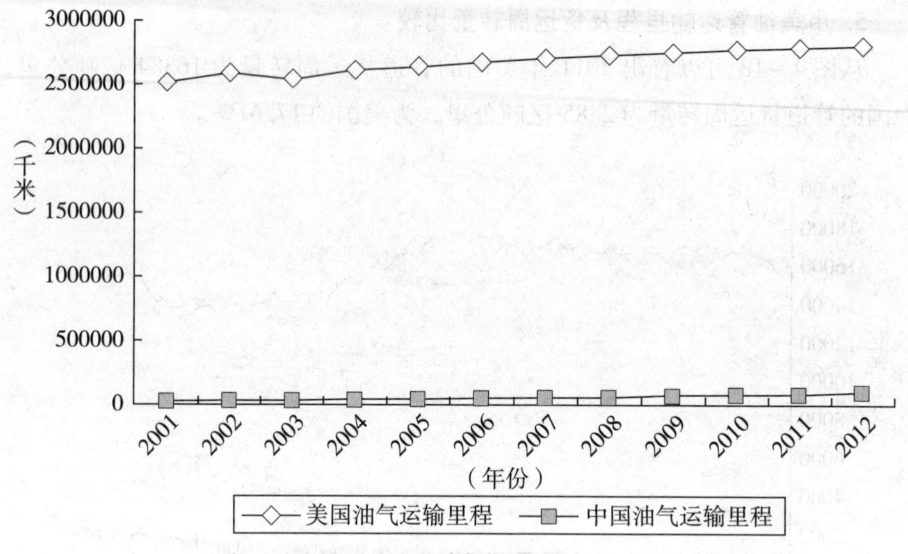

图 4－19　中美油气运输里程对比

数据来源：中国国家统计局、美国交通局网站。

表 4－13 为美国物流总额实际值与实际参考值对比。

表 4－13　　美国物流总额实际值与参考值对比

分项	数值（美元）
2011 年美国物流总额（参考值）	27702805523053.6
2012 年美国物流总额实际值	13625059000000

数据来源：美国交通局网站。

2011 年美国社会物流总额（参考值）/2012 年美国物流总额实际值 = 27702805523053.6/13625059000000 = 2.0332

依据公式计算，在中国库存水平及管理水平下，美国社会物流总额为同年的 2 倍，按比例压缩中国社会物流总额的系数，中国社会物流成本在美国的库存水平及管理水平之下可从 18% 降为 13.5% ～14%。

4.3.3　中美产业结构影响因素模拟

情景模拟三：中国产业结构依照美国各产业占 GDP 百分比，交通设施水平、库存水平、管理水平依照中国标准。

在本小节我们主要比较产业结构对社会物流成本的影响，在前面的数据分析中，已知工业的单位 GDP 社会物流需求系数最大，农业和服务业的单位 GDP 社会物流需求系数较小。

依据图 4－20 可看出，美国工业增加值所占 GDP 比重与美国社会物流成本所占 GDP 比重变化趋势保持一致，计算两组数据的相关性。美国物流占 GDP 百分比与美国工业占 GDP 百分比的多年数据相关系数为 0. 9452176，此数值表示高度正相关，因此可得出工业增加值所占 GDP 比重是影响一国物流成本的重要因素。我国的工业增加值占 GDP 比重近年来一直为 45% ~ 48%，这个比重也成为我国近年来物流成本占 GDP 比率一直处于较高水平的原因。

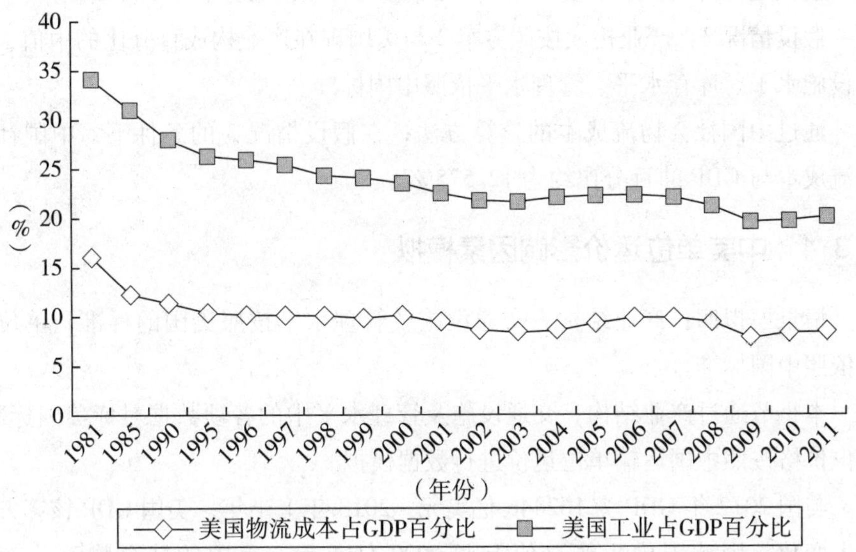

图 4－20　美国物流成本占 GDP 与美国工业占 GDP 百分比变化趋势

数据来源：美国交通局、世界银行。

依据社会物流成本在各产业 GDP 的不同百分比，通过社会物流需求系数及货运周转量进行估算。当中国 GDP 产业构成发生变化，达到美国现在产业构成比例、其他因素不变时，社会物流成本与 GDP 的比值约为 11. 5%。说明中国 18% 与美国 8% 的差距，其中 6. 5 个百分点与产业结构相关。

下面我们对中国达到美国产业结构进行分阶段讨论，来模拟中国在该阶段社会物流成本占 GDP 的比率。

模拟运算方案一：农业 7.8%；工业 39.35%；服务业 52.85%。

假设情况 1：产业构成按照中国现在产业构成百分比与方案 2 的中值，交通设施水平、库存水平、管理水平依照中国标准。

通过中国社会物流成本的核算方法，在假设情况 1 的条件下，中国社会物流成本与 GDP 的百分比约为 16.25%。

模拟运算方案二：农业 5.5%；工业 33%；服务业 61.5%。

假设情况 2：产业构成按照中国现在产业构成百分比与美国现在产业构成百分比的中值，交通设施水平、库存水平、管理水平依照中国标准。

通过中国社会物流成本的核算方法，在假设情况 2 的条件下，中国社会物流成本与 GDP 的百分比约为 14.325%。

模拟运算方案三：农业 3.36%；工业 26.8%；服务业 69.84%。

假设情况 3：产业构成按照方案 2 与美国现在产业构成百分比的中值，交通设施水平、库存水平、管理水平依照中国标准。

通过中国社会物流成本的核算方法，在假设情况 3 的条件下，中国社会物流成本与 GDP 的百分比约为 12.575%。

4.3.4 中美单位运价影响因素模拟

情景模拟四：产业结构、交通设施及管理水平按照美国的标准，单位运价依照中国标准。

本小节通过产业结构、交通设施及管理水平中的各项数据对标美国标准，单位价格按照中国运输单位运价进行数据模拟。

美国 2012 年 GDP 为 162446 亿美元，2013 年上半年，美国 GDP 核算方法发生变化，因此国内生产总值上调 6000 亿美元；美国的社会物流总额为 136250.59 亿美元。

美国 2012 年每单位 GDP 社会物流总额需求系数为 0.84294：

$$13625059000000/16163200000000 = 0.84297$$

中国 2011 年每单位 GDP 社会物流总额需求系数为：

$$1583542/472881.6 = 3.349$$

中国 2011 年分产业物流需求系数：农业 0.55；工业 6.52；服务业 0.59。

中国管理水平向美国靠近后（除以 2.033），分产业单位 GDP 物流需求系数：农业 0.2705；工业 3.2068；服务业 0.2902。

$$0.2705X_1 + 3.2068X_2 + 0.2902X_3 = 0.84297$$

$$X_1 + X_2 + X_3 = 1$$

$$0.01 < X_1 < 1, 0.01 \leqslant X_2 < 1, 0.01 \leqslant X_3 < 1$$

式中：X_1——农业所占 GDP 百分比；

X_2——工业所占 GDP 百分比；

X_3——服务业所占 GDP 百分比。

依据公式计算中国的单位 GDP 社会物流总额需求系数降为美国同等标准时，运用模拟运算方法，中国的产业结构构成可能为工业 GDP 所占百分比为 20%，农业和服务业 GDP 所占百分比加起来占 80% 左右，包含多种农业与服务业构成的中间情况。因为农业和服务业所占的社会物流需求系数较低，所以服务业在中国充分发展后，工业在 GDP 中占比例约 1/5 时，我国的社会物流总额需求系数与美国保持一致。但基于美国近年来恢复制造业的趋势，依据我国实际情况，未来第二产业约占 25% 的比重更加合适。

此时，因为产业结构所导致的中国物流成本偏高可压缩到较低水平，如果中国在长期发展产业升级、产业结构调整后、管理水平与库存保管水平与美国保持一致的情况下，物流单位运费还维持在较低水平时，中国的物流成本所占 GDP 百分比可降为 5% ~6%。这只是一种理想状态，考虑我国服务业、物流产业发展，人力资源成本增加而导致的单位运价上升因素，在未来我国物流成本所占 GDP 百分比将略高于这一数值。

4.4 本章小结

本章从中国社会物流成本核算体系中管理成本和仓储成本的角度进行研究，比较了对中美两国物流业管理水平和仓储水平影响较大的社会物流总额。同时，对中美物流成本与 GDP 的比值进行了情景模拟，分别从运输水平、管理水平、产业构成和单位运价角度核算了中美两国物流成本构成的差距，对中国多角度改进物流业水平提供了一定的借鉴。

5　多国物流环境指标比较

由于各个国家的物流环境有所不同，尤其是物流适用的法律条文等软环境存在区别。为此不同国家的经济和科技发展水平就会造成物流成本与物流环境的差异。本章对各个国家与地区间的不同法律、经济、科技、物流设施、人文因素等具体指标进行比较，分析社会物流环境存在的差距，找出我国社会物流环境可改进的方向。

5.1　多国物流环境指标排序

5.1.1　物流环境可比较国家

本节多国比较共选择 214 个国家，分指标排序。除此之外，考虑到人口总量与国内生产总值是衡量一个经济体规模的重要指标，我们采取“抓大放小”的思路，按以下办法选择人口较多和国内生产总值较大的经济体。

（1）经济体按 2014 年人口从多到少排序，选择经济体直到累计总量达到全世界的 90% 以上。结果选到 61 个经济体。

（2）将经济体按 2014 年按美元汇率计算的 GDP 从多到少排序，选择经济体累计总量达到全世界的 90% 以上。结果选到 41 个经济体。

将以上选到的经济体集合在一起，得到 73 个经济体。根据选择标准，称为“较大经济体”，我们从中选取 11 个国家与中国进行比较。

5.1.2　物流环境相关指标

表 5 - 1 和表 5 - 2 是我们认为与物流环境相关的正向指标。表 5 - 1 为总量指标，表 5 - 2 为比率指标，这些指标的相同性为指标数值越大代表该国家的社会物流环境越好。

表 5-1 物流发展环境相关总量指标 A

物流环境相关总量指标 A	公路里程
	铁路里程（千公里）
	航空运输，货运（万吨公里）
	航空运输，载客人数
	全球航空运输，注册载体离境
	港口运输集装箱（20ft 当量）
	固定宽带互联网用户
	高科技出口（US $）
	ICT（信息和通信技术）服务出口（$）
	手机用户
	非居民专利申请
	居民专利申请
	铁路货物运量（百万吨公里）
	铁路客运量（百万乘客公里）
	公路货物运量（百万吨公里）
	公路客运量（百万乘客公里）
	安全的网络服务器
	科技期刊本书
	居民商标直接申请
	非居民商标直接申请
	知识产权使用费支出（BOP，US $）
	知识产权使用费收入（BOP，US $）
	服务出口（$）
	服务进口（$）
	电话数量
	从国外收入（US $）

注：BOP 为国际收入统计（Balance of Payments，BOP）。

表 5－2　　物流发展环境相关比率指标 A

物流环境相关比率指标 A	人均 GDP（$当年）
	人均 GDP－PPP（当年国际$）
	GDP 增速
	人均 GDP 增速
	农业增加值占 GDP
	服务业增加值占 GDP
	政府消费比 GDP
	总消费比 GDP
	人均 GNI（图表集法$）
	人均 GNI－PPP（国际$）
	GNI 增速
	教育支出比 GNI
	海关程序效率（世界经济论坛，1 最低，7 最高）
	每百户固定宽带互联网用户
	高科技出口占货物出口
	ICT 产品出口占货物出口
	ICT 服务出口占服务出口百分比
	每百人上网数
	每百人手机
	每百人电话
	每千人机动车辆
	每千人轿车
	法制力度
	创办企业成本比人均（GNI）
	港口基础设施的质量（1～7）
	每百万人的安全网络服务器
	千克油均 GDP（PPP$）
	道路密度（每 100 平方公里路长）（km）
	铺设路面所占比例
	运输服务占服务出口
	研发成本占 GDP（%）
	从事研发的研究人员（每百万人口）

续　表

物流环境相关比率指标 A	新能源与核能消耗占比
	商务信息披露指数（1 低，10 高）
	电子联络需要天数
	服务业就业占总就业比例
	外商直接投资比 GDP
	对外直接投资比 GDP
	班轮运输的连接性指数（2004 = 100 的最大值）
	服务贸易/GDP
	每立方米水 GDP（2005 $）

注：PPP 为购买力评价法（Purchasing Power Parity）；GNI 为国民总收入（Gross nati onal income）。

表 5 - 3 和表 5 - 4 是我们认为与物流环境相关的正向指标。表 5 - 3 为总量指标，表 5 - 4 为比率指标，这些指标的相同性为指标数值越小代表该国家的社会物流环境越好。

表 5 - 3　　　　物流发展环境相关总量指标 B

物流环境相关总量指标 B	能耗（千吨标准油）
	对外直接投资净值
	公路部门柴油消耗（千吨油当量）
	公路部门能耗（千吨油当量）
	公路部门汽油消耗（千吨油当量）
	农业用地（km^2）
	存货变动（当年 $）
	能源产量（千吨标准油）
	工业增加值（2005 $）
	工业增加值（ $ ）
	货物出口（US $）
	货物进口（US $）
	货物净出口
	货物和服务净出口
	马德里体系商标申请
	商标总申请量

表 5-4　　　　物流发展环境相关比率指标 B

物流环境相关比率指标 B	制造业增加值占 GDP
	工业增加值占 GDP
	税收比 GDP
	总储蓄比 GDP
	总储蓄比 GNI
	国民净储蓄比 GNI
	颗粒物排放损害比 GNI
	自然资源损失比 GNI
	外汇储备比月进口
	固定资本消耗比 GNI
	货物服务出口比 GDP
	每集装箱出口成本
	每集装箱进口成本
	经营适宜指数（好 1~189 差）
	通电需要时间
	公路每公里车辆
	ICT 产品进口占比
	总税负比商业利润
	柴油价格（美元每升）
	汽油价格（美元每升）
	煤电所占比例
	能源进口比能源消耗
	人均耗电（kWh）
	人均能耗（千克油）
	1000 美元 GDP（2005）耗能（kg）
	人均公路部门柴油消耗（千克油当量）
	公路部门能耗占总能耗（%）
	人均公路部门能耗（千克油当量）
	人均公路部门汽油消耗（千克油当量）

续 表

物流环境相关比率指标 B	运输服务占服务进口
	交通运输 CO_2 排放量（占总量的百分比）
	国际贸易比 GDP
	所有产品的简单平均约束税率
	经常账户余额占 GDP（%）
	农业就业占总就业比例
	工业就业占总就业比例
	货物服务顺差比 GDP
	总消费增速
	见税务官要送礼的企业占比
	基尼系数
	给官员非正当支付企业占比
	每 10 万人故意杀人犯数量
	制造业出口占货物出口
	制造品进口比货物进口
	公司与税务人员会面平均次数
	启动程序注册企业需要天数
	税种数量
	出口时间
	进口时间
	停电损失比销售收入

如果设计物流成本与物流环境比较方法，统一标准是非常重要的。首先我们从表 5－1 至表 5－4 物流环境相关影响因素指标中，选取 45 个关键指标构成物流发展指数指标。统一核算标准后，可以使物流成本核算更加准确、简单、有效。表 5－5 为核算各国物流业发展指数的具体指标。

表 5－5　物流业发展指数指标

物流业发展指数	经济环境（5 项）	人均 GDP（当年 $）
		总消费比 GDP
		人均 GDP 增速
		人均 GNI（图表集法 $）
		GNI 增速
	对外贸易（5 项）	货物服务出口比 GDP
		国际贸易比 GDP
		高科技出口占货物出口
		运输服务占服务出口
		ICT 服务出口（$）
	能源环境（6 项）	1000 美元 GDP（2005）耗能（kg）
		能源进口比能源消耗
		公路部门能耗占总能耗
		颗粒物排放损害比 GNI
		煤电所占比例
		交通运输 CO_2 排放量（占总量的百分比）
	基础设施（7 项）	公路里程
		铁路里程
		港口基础设施的质量
		道路密度
		铺设路面所占比例
		公路每公里车辆
		每千人机动车辆
	物流规模（4 项）	铁路货物运量
		公路货物运量
		航空运输货运（万吨公里）
		港口运输集装箱（20ft 当量）

续　表

物流业发展指数	物流成本（12 项）	柴油价格
		汽油价格
		农业增加值占 GDP
		制造业占 GDP
		工业增加值占 GDP
		服务业增加值占 GDP
		税收比 GDP
		总税负比商业利润
		每集装箱出口成本
		每集装箱进口成本
		见税务官要送礼的企业占比
		给官员非正当支付企业占比
	管理、科技水平（6 项）	研发成本占 GDP
		科技期刊本书
		从事研发的研究人员（每百万人口）
		每百人上网数
		每百人手机
		海关程序效率

5.2　物流环境相关指标分数

（1）原始数据标准化。对世界上 214 个国家、118 个指标进行排序，x_{kj}为第 k 个国家的第 j 个指标的数值（$k=1$，2，…，214；$j=1$，2，…，118）。

由于各项指标的计量单位并不统一，因此在用它们计算综合指标前，我们先要对它们进行标准化处理，即把指标的绝对值转化为相对值，并令 $x_{kj}=|x_{kj}|$，从而解决各项不同质指标值的同质化问题。而且由于正向指标和负向指标数值代表的含义不同（正向指标数值越高越好，负向指标数值越低越好），因此，对于高低指标我们用不同的算法进行数据标准化处理。其具体方法如下：

正向指标：

$$x'_{kj}=\left[\frac{x_{kj}-\min(x_{1j},x_{2j},\cdots,x_{nj})}{\max(x_{1j},x_{2j},\cdots,x_{nj})-\min(x_{1j},x_{2j},\cdots,x_{3j})}\right]\times 100 \quad (5-1)$$

负向指标：

$$x'_{kj} = \left[\frac{\max(x_{1j}, x_{2j}, \cdots, x_{nj}) - x_{kj}}{\max(x_{1j}, x_{2j}, \cdots, x_{nj}) - \min(x_{1j}, x_{2j}, \cdots, x_{3j})}\right] \times 100 \qquad (5-2)$$

则 x'_{kj} 为第 k 个国家的第 j 个指标的数值（$k=1, 2, \cdots, n$；$j=1, 2, \cdots, m$）。为了方便起见，仍记数据 $x'_{kj}=x_{kj}$。

（2）计算第 j 项指标下第 k 个国家占该指标的比重：

$$p_{kj} = \frac{x_{kj}}{\sum_{k=1}^{n} x_{kj}}, k = 1,2,\cdots,n;\ j = 1,2,\cdots,m \qquad (5-3)$$

5.2.1 物流业发展经济环境指标

对于每一项指标，基于世界银行的世界发展指标（WDI）数据，我们可以得到每个国家在某经济体集合中的排序，然后，按照排序的优劣线性变换成［0，100］区间上的一个分数。

下面对各具体指标所得的分数针对 214 个国家中的 12 国进行比较，85 分以上表示良好；20 分以下相对较弱；其余数字为中间值。

从表 5-6 物流业经济环境指标可以看出，中国的 GNI 增速排在世界前列，人均 GDP 增速排在世界前列。我国经济总体势头发展快，因为人口问题，部分人均指标人均 GDP、人均 GNI 的得分居中。总消费比 GDP 增速排在世界后列，我国居民的总消费占 GDP 相比其他国家得分较低。

表 5-6　物流业经济环境 12 个国家指标分数（2014 年）

国家 指标	中国	美国	日本	德国	法国	英国	意大利	加拿大	俄罗斯	巴西	印度	南非
人均 GDP	50.8	93.2	89.0	89.5	88.5	88.0	85.9	93.7	70.2	67.0	22.5	59.2
总消费比 GDP	5.3	57.3	48.0	31.0	43.3	59.1	48.5	36.3	18.7	53.2	20.5	50.3
人均 GDP 增速	98.4	38.8	48.9	54.8	27.7	28.7	9.0	37.2	62.8	57.4	89.4	39.4
人均 GNI（图表集法 $）	52.4	94.6	90.8	91.4	89.7	88.6	87.6	92.4	69.7	68.6	23.8	58.9
GNI 增速	95.5	27.3	25.8	25.0	17.4		6.8	31.1	37.1	42.4	80.3	34.1

数据来源：世界银行。

5.2.2　物流业对外贸易指标

从表 5 - 7 我国物流业对外贸易的指标来看，我国高科技出口占货物比重居世界前列；ICT（Information and Communication Technology，信息和通信技术）服务居于世界前列，美国为世界第一。货物服务出口比 GDP 美国、日本和巴西领先；国际贸易比 GDP 指标数值美国、日本、巴西领先；运输服务占服务进口数值中俄罗斯、英国、巴西和美国领先。

表 5 - 7　　物流业对外贸易环境 12 个国家指标分数（2014 年）

指标＼国家	中国	美国	日本	德国	法国	英国	意大利	加拿大	俄罗斯	巴西	印度	南非
货物服务出口比 GDP	70.2	94.4	92.1	38.8	71.9	65.2	72.5	64.6	66.9	95.5	80.9	64.0
国际贸易比 GDP	84.8	99.4	97.8	50.6	80.9	75.8	83.7	76.4	87.1	100.0	85.4	78.1
高科技出口占货物出口	100.0	98.7	97.4	99.4	96.2	95.5	91.0	90.4	81.4	82.7	85.3	73.1
ICT 服务出口（$）	96.1	100.0	92.3	98.7	97.4	99.4	92.9	93.5	89.0	89.7	98.1	67.7
运输服务占服务进口	57.6	85.9	65.3	77.1	73.5	90.6	77.6	82.4	93.5	89.4	36.5	40.0

数据来源：世界银行。

5.2.3　物流业能源环境指标

从表 5 - 8 物流业的能源环境来看，中国公路部门能耗占总能耗比率及交通运输 CO_2 排放量（占总量的百分比）居于世界前列；煤电所占比例为物流环境负向指标，说明我国煤电在能源中占较大比例。意大利 1000 美元 GDP（2005）耗能（kg）较少，加拿大颗粒物排放损害比 GNI 的比值较低居于世界前列。我国明显落后的物流指标项目为煤电所占比例、颗粒物排放损害比 GNI 和 1000 美元 GDP（2005）耗能（kg），我国在能源利用方面还有较大的改进空间。

表 5-8　　物流业能源环境 12 个国家指标分数（2014 年）

指标＼国家	中国	美国	日本	德国	法国	英国	意大利	加拿大	俄罗斯	巴西	印度	南非
1000 美元 GDP (2005) 耗能 (kg)	12.2	32.8	58.0	71.8	59.5	80.2	87.8	21.4	11.5	67.2	45.0	8.4
能源进口比能源消耗	60.7	53.3	7.4	22.2	34.1	42.2	11.9	77.8	79.3	62.2	45.9	69.6
公路部门能耗占总能耗	86.7	21.5	60.0	52.6	51.1	37.8	31.1	34.8	84.4	18.5	83.7	76.3
颗粒物排放损害比 GNI	8.2	80.1	80.7	67.3	72.5	77.2	50.9	93.6	17.0	25.7	9.9	63.2
煤电所占比例	5.2	17.0	25.2	14.1	43.7	23.0	31.9	37.0	32.6	48.1	8.1	2.2
交通运输 CO_2 排放量（占总量的百分比）	96.3	40.7	72.6	71.9	32.6	57.8	50.4	39.3	81.5	19.3	95.6	87.4

数据来源：世界银行。

5.2.4　物流业基础设施指标

从表 5-9 公路里程和铁路里程来看，中国和发达国家一样居于世界前列。港口基础设施质量不如美国、德国、法国、英国和意大利。道路密度（每 100km^2 路长）（km）这项指标中德国和法国较高，俄罗斯分数较低。铺设路面所占比例指标中法国和英国分数最高，中国居 214 个国家的中间位置，巴西较低。每千人机动车辆中美国、日本和意大利数值最高，其他国家居 214 个国家前列，南非和中国最低。

表 5-9　　物流业基础设施环境 12 个国家指标分数（2014 年）

指标＼国家	中国	美国	日本	德国	法国	英国	意大利	加拿大	俄罗斯	巴西	印度	南非
公路里程	98.1	100.0	85.8	92.5	96.2	89.6	—	—	95.3	97.2	99.1	—
铁路里程	97.6	100.0	85.7	94.0	92.9	82.1	83.3	95.2	98.8	91.7	96.4	86.9
港口基础设施的质量	62.4	89.3	79.9	94.6	85.2	91.3	50.3	90.6	40.3	10.7	47.7	69.8

续　表

指标＼国家	中国	美国	日本	德国	法国	英国	意大利	加拿大	俄罗斯	巴西	印度	南非
道路密度（每100km² 路长）(km)	50.9	61.3	67.9	86.8	89.6	84.0	—	—	8.5	30.2	81.1	—
铺设路面所占比例	44.4	—	—	—	100.0	100.0	—	—	—	6.2	39.5	—
公路每公里车辆	80.7	54.2	6.0	20.5	56.6	19.3	—	—	—	—	—	—
每千人机动车辆	15.2	97.1	87.6	81.0	81.9	70.5	91.4	—	—	—	—	36.2

数据来源：世界银行。

5.2.5　物流业物流规模指标

从表5－10物流业规模的角度来看，中国均居于世界前列，中国铁路及公路货运周转量世界第一；港口运输集装箱（20ft 当量）世界第一；航空运输货运量（万吨公里）在12个国家中排第二。世界上其他国家中物流规模在214个国家中均居前列。

表5－10　　物流业物流规模环境12个国家指标分数（2014年）

指标＼国家	中国	美国	日本	德国	法国	英国	意大利	加拿大	俄罗斯	巴西	印度	南非
铁路货物运量	100.0	98.8	77.5	88.8	82.5	76.3	68.8	95.0	97.5	93.8	96.3	90.0
公路货物运量（百万吨公里）	100.0	—	92.1	96.8	95.2	79.4	81.0	77.8	88.9	—	98.4	—
航空运输货运量（万吨公里）	99.4	100.0	96.2	96.8	93.6	94.9	80.3	89.2	91.7	86.0	87.9	83.4
港口运输集装箱（20ft 当量）	100.0	99.2	95.1	93.4	80.3	88.5	89.3	78.7	74.6	86.9	90.2	77.0

数据来源：世界银行。

5.2.6　物流业物流成本指标

从表5－11我国物流业物流成本环境来看，柴油价格、汽油价格居214

个国家中间位置。从产业构成来讲，因为工业的社会物流需求系数较高，我国工业所占 GDP、制造业所占 GDP 比重高，因此在世界上分值排名靠后；农业和服务业社会物流需求系数低，但在我国因为农业、服务业所占 GDP 比重在世界排名中等或较低，因此排名分值不高；每集装箱进出口价格较为便宜，居世界前列；税收比 GDP 居世界前列，同时美国、日本和印度也居于 214 个国家中的前列；总税负比商业利润处于世界后列；在见税务官要送礼的企业占比的指标中，我国分数低于俄罗斯；给官员非正当支付企业占比的指标中，我国分数高于俄罗斯。

表 5－11　　物流业物流成本环境 12 个国家指标分数（2014 年）

指标＼国家	中国	美国	日本	德国	法国	英国	意大利	加拿大	俄罗斯	巴西	印度	南非
柴油价格（美元每升）	50.0	72.1	27.9	9.3	11.0	1.2	2.9	51.2	79.1	61.6	82.0	37.2
汽油价格（美元每升）	55.6	85.4	13.5	9.4	8.8	4.7	2.3	52.6	83.0	38.6	61.4	51.5
农业增加值占 GDP	57.0	10.5	9.3	8.7	15.7	4.7	18.0	13.4	33.1	39.5	72.1	23.3
制造业占 GDP	1.9	46.6	12.4	5.6	57.8	60.9	28.6	59.0	29.8	32.9	34.2	47.2
工业增加值占 GDP	10.5	72.1	51.7	32.6	76.2	73.8	61.6	44.2	22.1	50.6	52.3	39.5
服务业增加值占 GDP	20.7	89.7	80.5	71.8	90.2	90.8	83.3	77.0	50.6	69.0	42.0	71.3
税收比 GDP	86.3	89.3	90.8	83.2	22.9	8.4	19.1	82.4	63.4	58.8	88.5	6.9
总税负比商业利润	12.8	31.0	25.1	28.9	10.7	59.9	10.2	90.9	26.2	9.6	13.4	74.9
每集装箱出口成本	89.8	54.5	72.2	67.9	39.6	63.1	46.0	23.5	11.2	16.0	49.7	25.1
每集装箱进口成本	93.0	55.1	67.4	74.3	46.5	67.9	61.0	32.6	14.4	21.4	56.1	27.3
见税务官要送礼的企业占比	35.6	—	—	—	—	—	—	—	49.4	—	—	—
给官员非正当支付企业占比	59.8	—	—	—	—	—	—	—	27.6	—	—	—

数据来源：世界银行。

5.2.7　物流业科技管理水平指标

从物流业的科技管理水平来看（见表5－12），我国总量指标均居各国前列，涉及人均比率指标欧洲国家居前列。如科技期刊本书指标居世界第一，其他国家均居世界前列；研发成本占GDP中，美国、日本、德国、法国领先，我国紧随其后，分数在214个国家中排名靠前；从事研发的研究人员（每百万人口）、每百人上网数、海关程序效率等指标在世界排中上游位置；每百人手机数排世界靠后位置，意大利和俄罗斯世界领先。

表5－12　　物流业科技管理水平12个国家指标分数（2014年）

指标＼国家	中国	美国	日本	德国	法国	英国	意大利	加拿大	俄罗斯	巴西	印度	南非
研发成本占GDP	82.1	91.6	95.8	93.7	87.4	80.0	71.6	81.1	68.4	69.5	62.1	58.9
科技期刊本书	100.0	—	99.5	98.4	97.9	98.9	97.3	—	94.1	93.6	95.7	83.4
从事研发的研究人员（每百万人口）	51.7	81.6	89.7	82.8	80.5	83.9	63.2	87.4	73.6	43.7	25.3	34.5
每百人上网数	53.5	86.6	92.1	91.6	89.6	95.5	69.3	93.1	68.8	60.9	23.3	50.0
每百人手机	28.9	44.3	55.7	64.2	44.8	77.1	92.5	30.8	91.0	73.1	26.4	77.6
海关程序效率	63.8	72.5	78.5	81.2	77.2	85.9	53.7	80.5	10.7	6.0	45.0	61.1

数据来源：世界银行。

5.3　确定权重及综合排名

5.3.1　主要指标确定权重

选取总量指标权重为0.5，比率指标权重为1。在得到每项指标的分数之后，我们按照给出的权重进行综合，计算每个经济体的综合评分。

由于数据缺失的原因，即使我们用近5年单项指标已有数据的算术平均值，也有些经济体在一些指标上没有数据。我们在综合各个经济体得分时不将这些缺失指标全部设为0，而用经济体所有非缺失数据指标分数加权来计算。我们在加权平均得到综合分的时候利用以下公式：

$$某经济体综合分 = \frac{\sum_{非缺失数据指标集合} 该项指标权重 \times 该经济体该项指标分数}{\sum_{非缺失数据指标集合} 该项指标权重}$$

前文提到，按照2014年的人均GDP数据，中国在73个较大经济体中排名第39，在41个相近经济体中排名第21。如果按最近5年人均GDP的平均值，中国在73个较大经济体中排名第43，在41个相近经济体中排名第25。如果物流环境完全与人均GDP高低相关，中国与73个较大经济体比较的加权平均分数应该是47.18分，在与41个相近经济体比较的加权平均分数应该是47.5分。

5.3.2 多国物流环境及GDP比较

依照5.3.1小节物流环境关键指标计算的分数，从图5－1我们可以看出人均GDP指数高于物流业发展指数；中国的物流业发展指数高于人均GDP指数。美国的物流业指数和人均GDP指数均高于中国，但近年来差距在缩小。

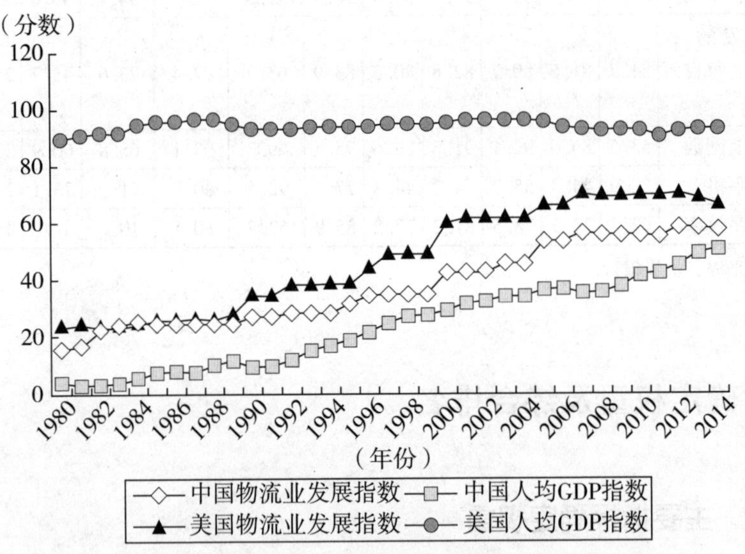

图5－1　中美物流环境加权平均分数及中国人均GDP分数比较

如图5－2所示，日本的物流业发展指数一直缓慢上升，人均GDP指数有下降上升的波动趋势，日本的人均GDP指数高于日本的物流业发展指数，日本的物流业指数和人均GDP指数高于中国。

如图5－3所示，德国的人均GDP指数和物流业发展指数高于中国物流业指数和人均GDP指数，近年来德国的物流业发展指数缓慢下降，因此中国和

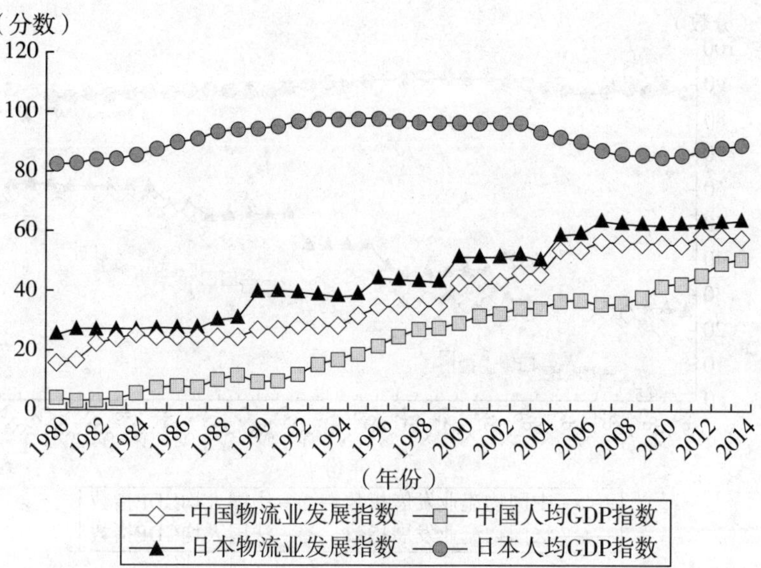

图 5－2　中国和日本物流环境加权分数及人均 GDP 分数比较

德国的物流业发展指数 2012 年、2013 年和 2014 年水平接近。

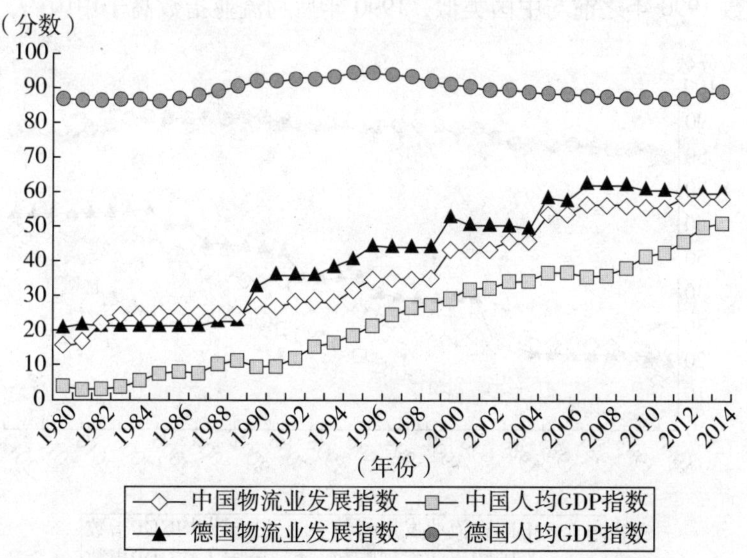

图 5－3　中国和德国物流环境加权分数及人均 GDP 分数比较

如图 5－4 所示，法国的人均 GDP 指数高于法国的物流业发展指数。同时，法国的物流业发展指数略高于中国物流业指数，近十年来两国物流业指数接近。法国的人均 GDP 指数高于中国物流业指数人均 GDP 指数。

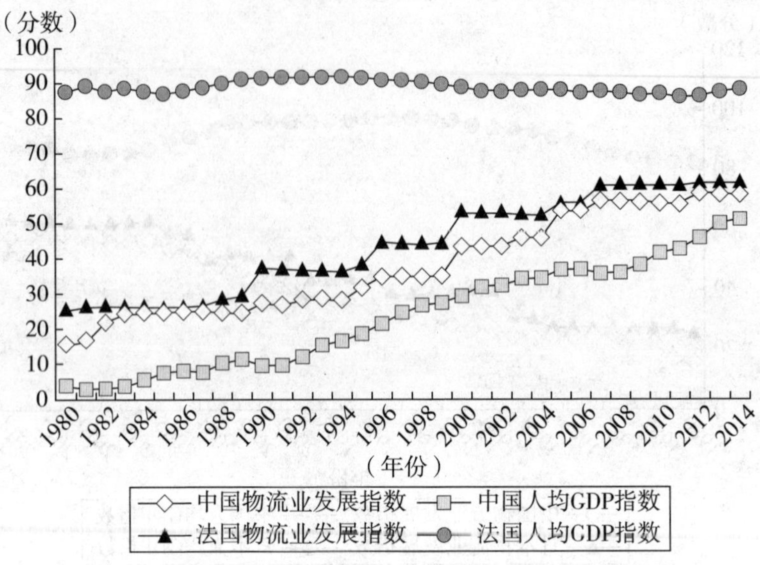

图 5－4　中国和法国物流环境加权分数及人均 GDP 分数比较

如图 5－5 所示，英国的人均 GDP 指数高于中国，近年来差距在缩小；物流业指数 1990 年之前与中国类似，1990 年后物流业指数高于中国。

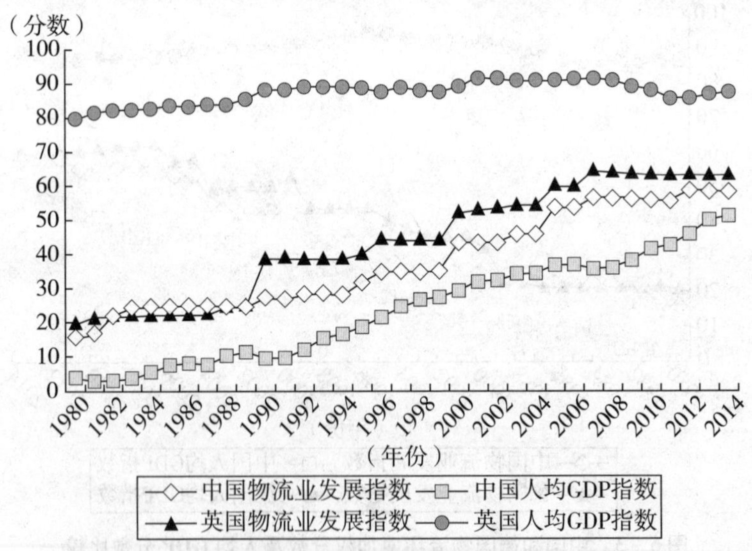

图 5－5　中国和英国物流环境加权分数及人均 GDP 分数比较

如图 5－6 所示，意大利的人均 GDP 指数高于中国，近年来差距在缩小；物流业指数 1990 年之前与中国类似，1990 年后物流业指数高于中国，2007 年意大利物流业指数下降，中国物流业指数上升，两国物流业环境指数基本相等。

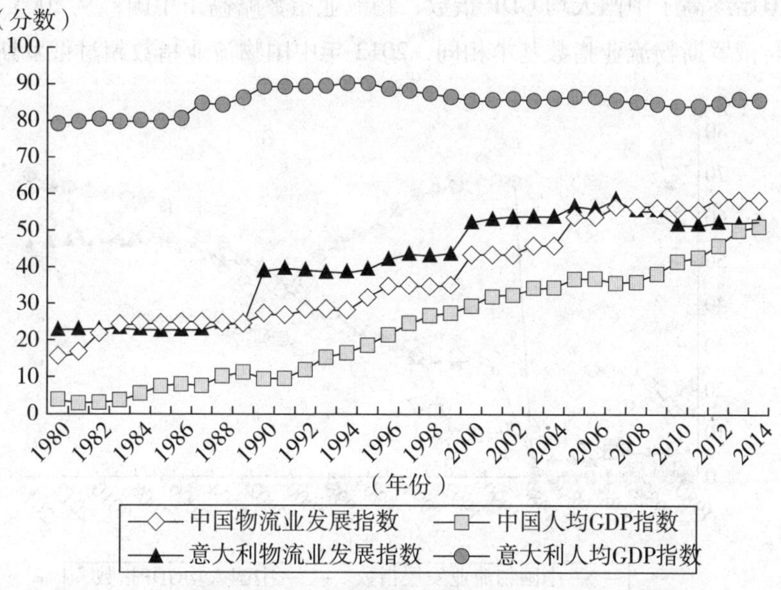

图5－6　中国和意大利物流环境加权分数及人均GDP分数比较

如图5－7所示，加拿大2012年、2013年和2014年的物流业指数下降，人均GDP指数上升，均高于中国物流业指数和人均GDP指数，但两国差距在缩小。

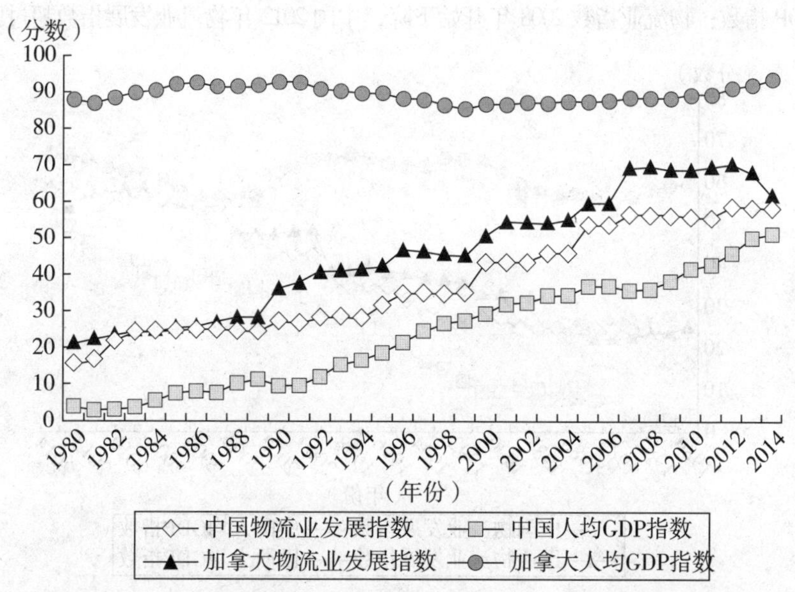

图5－7　中国和加拿大物流环境加权分数及人均GDP分数比较

如图 5－8 所示，俄罗斯人均 GDP 指数从 1990 年下滑，至 2002 年开始上升，但始终高于中国人均 GDP 指数；物流业指数略高于中国，从 2005 年开始中国与俄罗斯物流业指数基本相同，2012 年中国物流业指数超过俄罗斯。

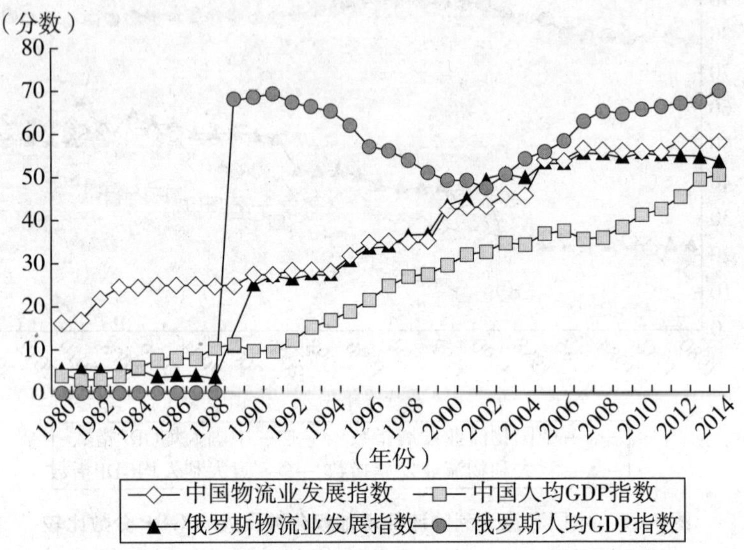

图 5－8　中国和俄罗斯物流环境加权分数及人均 GDP 分数比较

如图 5－9 所示，巴西人均 GDP 指数 2000 年下降，2006 年开始上升高于中国人均 GDP 指数；物流业指数 2008 年开始下降，中国 2012 年物流业发展指数超过巴西。

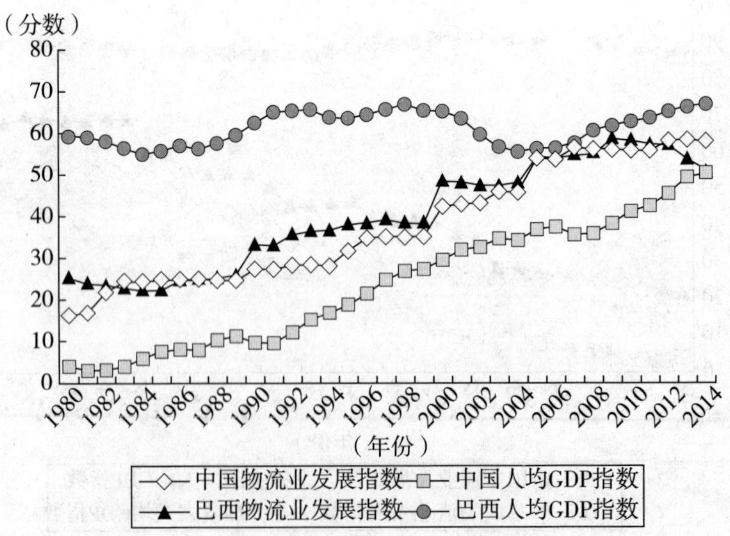

图 5－9　中国和巴西物流环境加权分数及人均 GDP 分数比较

如图 5－10 所示，中国人均 GDP 指数高于印度人均 GDP 指数，印度物流业指数与中国物流业发展指数相近，两国物流业发展指数高于人均 GDP 指数。

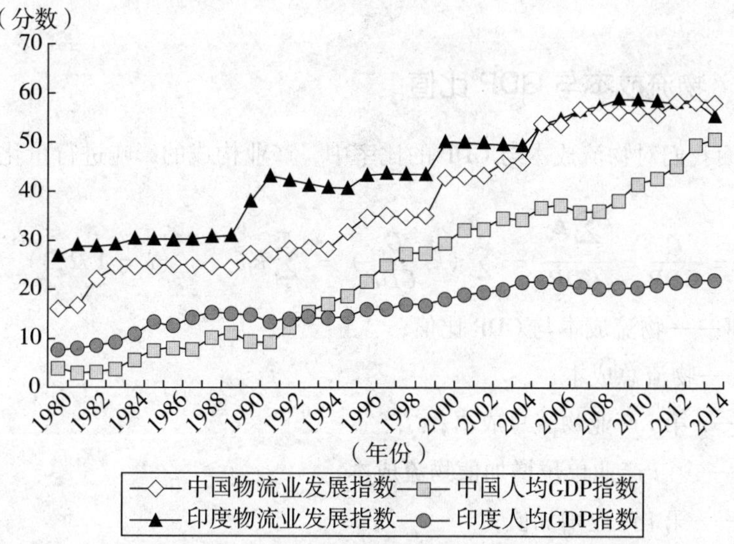

图 5－10　中国和印度物流环境加权分数及人均 GDP 分数比较

如图 5－11 所示，南非人均 GDP 指数近年有所下降，中国人均 GDP 指数持续上升，两者差距逐渐缩小；南非物流业发展指数 2008 年开始下降，中国物流业发展指数持续上升，2011 年开始中国高于南非物流业发展指数。

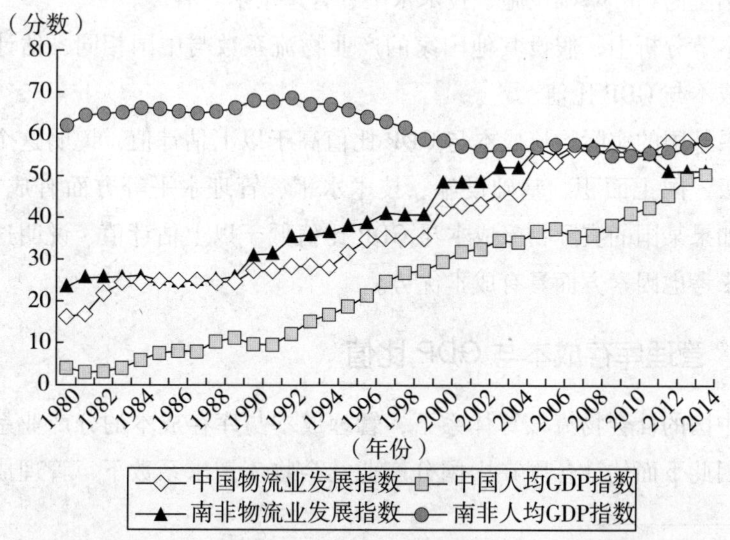

图 5－11　中国和南非物流环境加权分数及人均 GDP 分数比较

5.4 多国产业构成对物流仓储成本及管理成本分析

5.4.1 物流成本与 GDP 比值

下面我们对物流成本与 GDP 的比率中，产业构成的影响进行量化分析①

$$W = \frac{C}{\mathrm{GDP}} = \frac{\sum_{i=1}^{n} C_i}{GDP} = \sum_{i=1}^{n} \left(k_i \frac{G_i}{GDP}\right) = \sum_{i=1}^{n} k_i b_i \qquad (i = 1,2,3) \qquad (5-4)$$

式中：W——物流成本与 GDP 比值；

C——物流总成本；

C_i——第 i 产业物流总成本；

k_i——第 i 产业单位增加值物流成本；

G_i——第 i 产业增加值；

b_i——第 i 产业增加值占 GDP 的比重；

k_i（i=1，2，3）表示的是三个产业“单位增加值物流成本”，简称产业物流成本系数。

一般来说，不同国家的物流成本系数 k_i 可能不同，物流成本系数与产品等级、国土面积、基础设施、技术水平、管理水平等有关。

在本节分析中，假设其他国家的产业物流系数与中国相同，估计各个国家物流成本与 GDP 比值。

如果某国的实际物流成本与 GDP 比值高于以上估计值，说明这个国家在产品等级、国土面积、基础设施、技术水平、管理水平等方面有成本劣势；反之，如果某国的实际物流成本与 GDP 比值低于以上估计值，说明这个国家在其他未考虑因素方面具有成本优势。

5.4.2 管理库存成本与 GDP 比值

在中国的社会物流核算体系下，管理成本与库存成本的分产业系数可以求得，因此下面估计各国在中国分产业社会物流需求系数下，管理成本与仓

---

① 本小节方法、思路来源于王其文教授《物流成本与产业构成研究》。

储成本占 GDP 的比值。

按照我国的社会物流成本核算方法，可求得中国各产业社会物流总额与产业增加值的需求系数（见表 5－13），按照式（5－4），可模拟计算出世界上主要经济体在中国技术及管理水平下的管理及库存成本。

表 5－13　　中国各产业社会物流总额与产业增加值的需求系数

分项	中国管理成本库存成本与 GDP 比值	中国农业社会物流总额与农业增加值比值	中国工业社会物流总额与工业增加值比值	中国服务业社会物流总额与服务业增加值比值	转换系数
数值	9%	0.55	6.52	0.59	0.000272902

表 5－14 为依据各国产业所占 GDP 百分比及各产业物流需求系数，所模拟运算出的管理成本及库存成本所占 GDP 百分比。结果可以看出，工业所占百分比高的中国和俄罗斯，模拟运算后的数值较高；而法国、英国及美国工业在各产业所占百分比较低的国家，模拟运算数值偏低。

表 5－14　　多国考虑产业结构因素后模拟运算结果

2009—2013 年平均值		假设各国技术与管理水平与中国相同，考虑产业结构因素，若中国管理及库存成本比 GDP 为 9%，其他国家是多少？			
序号	经济体	农业增加值占 GDP（%）	工业增加值占 GDP（%）	服务业增加值占 GDP（%）	模拟运算结果（%）
2	意大利	2.107726643	23.93198869	73.96028467	5.5
11	俄罗斯	4.15967386	35.77598833	60.0642503	7.4
15	巴西	5.482725233	26.68538506	67.83188971	5.9
21	中国	10.11207938	45.73246318	44.15545744	9.0
24	南非	2.578595272	29.35595053	68.0654542	6.4
41	印度	17.9057853	26.62259716	55.47161754	5.9
48	加拿大	1.546697497	27.0275009	71.4258016	6.0
53	法国	1.726124077	19.85051598	78.42335995	4.8
54	德国	0.807129932	29.90362592	69.28924415	6.2
56	日本	1.179488204	26.33168553	72.48882627	5.9
71	英国	0.640859841	20.64097203	78.71816813	4.9
72	美国	1.219481263	20.58927448	78.19124425	4.9

数据来源：世界银行。

5.5 本章小结

本章对世界各国物流业发展环境做了比较研究，运用世界银行的数据对世界 214 个主要国家和地区进行了比较，构建了物流环境影响因素评价体系，对多国的库存与管理成本在中国社会物流需求系数下的比值进行了模拟运算，并对结果进行了多国比较和分析。

6 Vague 集理论在物流环境分析中的应用

6.1 全球物流发展动态

随着物流与电子商务、大数据、互联网、物联网等技术手段的融合发展，科技创新、管理创新和商业模式创新使物流产业越来越具有活力，在国际商业社会中发挥的作用越来越重要。在经历了20世纪80年代以来的高速增长之后，到2020年，全球物流服务市场仍有望以每年3%的速度持续增长，将超过同期全球各国国内生产总值（GDP）的增长速度。

6.1.1 世界各国物流成本趋势

物流总成本是反映物流业发展情况、规模扩张、实体经济支撑情况的核心因素。2008年美国金融危机以后，美国物流业成本与美国经济复苏同步增加。2008年美国宏观物流成本与GDP比率为9.3%，2009年为7.8%，2010年为8.2%，2011年为8.5%，2012年为8.5%。2013年美国商业物流系统成本提高了2.3%，2014年增长了3.1%。商业物流成本增长到1.45亿美元，同时物流总成本占GDP的比重下降至8.3%。反映了美国物流与供应链运行效率进一步提高。

其他发达经济体方面，以日本为例。根据国际货币基金组织研究统计，2014年日本物流成本占GDP的比重为8.4%，同比下降0.1%。目前，库存成本取代了运输成本成为日本物流成本管理的重要环节。因此，仓储成本的降低是导致日本物流成本下降的主要原因。

发展中国家方面，以当前国际贸易物流发展迅猛的东南亚地区为例，由于该地区物流基础设施欠缺、河流等水运道网复杂、物流效率低下，导致社会物流成本偏高。2014年越南的物流成本约占GDP的25%，此比率为东南亚等国家的平均水平，高于发达国家社会物流成本与 GDP 的比率 8% ~11%。

6.1.2　世界各国货运业发展趋势

1. 公路货运业

高速公路是近代发达国家交通运输发展的重要特征，公路物流是各国物流产业的主要部分之一。公路运输近年来是新型城镇化、城市群发展的重要基础，公路交通网络引领区域经济发展已经成为多方尤其是全球众多新兴经济体的共识。

美国是世界上拥有高速公路最多的国家，拥有发达的公路交通网。公路运输在美国交通运输体系中比重排名第一。2014 年美国公路货运业成本比 2013 年增加了 3%。城际公路货运成本增长了 2.7%，本地公路货运成本增长了 3.7%。美国小型公路货运公司由于成本问题逐渐被挤出市场。2014 年第一季度，全美 390 家公路货运公司破产。与此同时，2014 年美国重卡注册数量同比增加了 3.8%，截至 2014 年年底全行业累计共有 378 万台重卡。

2014 年俄罗斯公路运输量占全国总货运量的 70%。公路运输占较高比重取决于俄罗斯自身的区位交通特点。在俄罗斯公路运输较海运、河运和铁路运输等方式具有更大的机动性，货物送达速度更快，运输种类更多。俄罗斯国家统计局预计未来几年工业生产增速将会放缓，出口量减少会对货运产生负面影响。

2. 铁路货运业

在经济全球化、区域一体化的发展趋势下，铁路运输具有安全、舒适、节能、环保等优点。在铁路运输企业发展过程中，近年来许多国家都围绕放松政府管制、优化内部产权关系、调整铁路运输企业内部结构、实施企业重组等方面进行改革。全球铁路运输企业改革模式主要有以下几种：第一种是以美国、加拿大为代表的北美模式，即组建货网一体的区域性铁路货运公司，成立全国统一的客运经营公司；第二种是欧洲的分离模式，即将铁路客货运营与基础线路设施相分离；第三种是俄罗斯和印度模式，即建立全国铁路网和客货运营一体化，统一管理运输生产服务；第四种是日本模式，即以区域性运输为主，组建全国性的货运公司。

作为世界上国土面积最大的国家，俄罗斯有着全球最长、最密集的铁路、公路与地铁网络。俄罗斯铁路以平均每年 7.9% 的增幅运营货物，俄罗斯铁路局投入 18700 万卢布建设 84 个技术标准项目。加大投入建设运输设施与运输安全，被俄罗斯政府列为国家规划重中之重。德国方面 2014 年铁路货物运输量为 3.65 亿吨，比 2013 年下降 2.3%。

中国经济稳步增长，中国铁路是世界上最繁忙的铁路之一，铁路货运周转量占世界 26% ~30%，铁路里程占世界 7% ~9%。中国高铁作为中国高速铁路的引导者，依托“一带一路”战略，积极实施“走出去”战略。

3. 港口海运业

2014 年，全球十大集装箱港“俱乐部”入门门槛已从上年的 1300 万标准箱提高到 1400 万标准箱。目前，全球 1500 万标准箱以上港口共 9 个，2000 万标准箱以上港口共 4 个。如表 6 – 1 所示，2014 年全球十大集装箱港排行榜中，包括中国香港港在内的中国港口共 7 个，第二、第六、第九分别为新加坡港、韩国釜山港、阿联酋迪拜港。在十大港口中，中国港口完成的集装箱吞吐量占 68.6%，与 2013 年 68.7% 基本持平。

表 6 – 1　2014 年全球十大港口集装箱吞吐量

名次	港口名称	2014 年（万标准箱）	2013 年（万标准箱）	同比增长（%）
1	上海港	3528.5	3361.70	3.34
2	新加坡港	3386.9	3260.00	2.90
3	深圳港	2403.7	2327.80	1.46
4	香港港	2228.7	2228.80	–3.60
5	宁波—舟山港	1945.0	1765.00	12.00
6	釜山港	1868.0	1732.68	7.12
7	青岛港	1662.0	1552.00	7.00
8	广州港	1616.0	1530.92	3.83
9	迪拜港	1525.0	1363.00	2.71
10	天津港	1405.0	1300.00	5.69

2014 年全球前十大集装箱港共完成箱量 21590.5 万标准箱，较 2013 年增长 5.7%。此增幅高于 2013 年的 3.1% 和 2012 年的 3.4%。

4. **航空货运业**

全球航空运输前景正在改善。根据国际机场协会（ACI）公布的2014年全球机场货运量最新排名来看，中国香港的香港国际机场连续5年（2010—2014年）蝉联全球机场货运量第一，全年同比增长5.9%。美国孟菲斯机场排名第二，中国上海浦东国际机场排名全球第三。在全球前十大机场货运量排名中，亚洲机场占据半壁江山，美国机场占据三席，保持航空货运强国的地位。德国货运机场排名第九，中国台湾桃园机场排名第十。

6.2 物流环境中采用的物流成本方法

6.2.1 基于Vague集的社会物流成本核算

如今，颠覆性的科技与商业模式创新正在改变着人类社会，也正在作用于物流与供应链领域。仓储作为最传统和支柱性的物流功能，大数据、物联网、流通网、无人驾驶叉车都将对其产生深远的变革与影响，并同样改变全球运输、流通配送等物流领域。以美国为代表的发达国家，现代化仓库运用物联网技术把不同系统和设备耦合到仓储控制、劳动力、运输、订单和客户管理系统中。德国的叉车配备了无线连接、数据存储和传感器，能从内部系统及环境中收集信息，数据发生至整个管理系统。随着越来越多的全球性仓库24小时运营，移动信息技术使得跨国管理者能够实时跟踪并解决问题。

在此基础上，本章运用Vague集的方法，对世界各国的物流成本与物流环境进行核算，找出中国与发达国家物流方面存在的差距，满足中国经济与产业转型期日益增长的物流与供应链需求规模。

6.2.2 物流成本核算关键指标体系的建立

完备指标体系如第5章表5-1所示，共45项指标表示物流环境影响因素。在进行多国物流成本的比较研究时，需从中选取对物流成本影响因素较大的关键性指标。从决策理论来看，当参与者选取指标为5~9个时，参与者的选择有可能会因为认知能力的局限性不能有效反映真实偏好，因此我们通过Vague集的理论，对关键指标选取提供辅助性决策方法。

针对物流环境中物流成本的关键性指标，需要既能满足指标独立性又能避免累计误差。

假设：请多位对物流有一定研究的参与者，具体的方法步骤如下。

（1）请 N 位对物流行业有长期研究的参与者，对表 5－5 的 45 个指标体系在物流环境中的重要性表态，认为重要的填写“5”，认为不重要的填写“1”，认为中立不好判断或说不清楚的填写“3”。

（2）依据参与者意见确定每个指标对物流环境分析所产生影响的重要性程度，用 Vague 集表示。

通过 Vague 集定义完备指标集 A 到关键指标集 I 的关系 R（$A \to I$），具体指标 a_i（$i=1,2,3,\cdots,m$）的重要程度表示为（$t_i(a_i)$，$1-f_i(a_i)$），其中，$t_i(a_i)$ 表示对物流成本产生重要影响的程度；$f_i(a_i)$ 表示对物流成本不会产生影响的程度。$t_i(a_i)$ 和 $f_i(a_i)$ 定义为：

$t_i(a_i)$ ＝认为第 i 个指标 a_i 重要的参与者/参与者总数 n；

$f_i(a_i)$ ＝认为第 i 个指标 a_i 不重要的参与者/参与者总数 n；

并且，$t_i(a_i)$ 和 $f_i(a_i)$ 均大于等于 0，且 $0 \leqslant t_i(a_i)+f_i(a_i) \leqslant 1$。

（3）计算排序函数 $s_i(a_i)$，同时确定重要性标准 β（$0<\beta<1$），当 $s_i(a_i) \geqslant \beta$ 时，指标被确定为对社会物流成本影响较大。

排序指标函数：

$$s_i(a_i) = t_i(a_i) - f_i(a_i), i = 1,2,3,\cdots,m \qquad (6-1)$$

在本问题中，当 $s_i(a_i)$ 数值越大，被认为该指标对社会物流影响越大，表示支持该指标的人数多于反对该指标人数的具体比例。

（4）在选择表示各国物流成本的问题中，共 N 个参与者，每个参与者的权重分别为 w_N（$n=1,2,\cdots,N$）；方案集 A_i 中有 m 个指标，$i=1,2,\cdots,m$；指标的权重 w_j（$j=1,2,\cdots,J$）。专家对各指标的权重意见汇总 w_j^n，用表 6－1 中的汇总得分表示，并根据下式进行汇总：

$$w_N = \frac{1}{N}(w_j^1 + w_j^2 + \cdots + w_j^{\mathrm{N}}), n = 1,2,\cdots,N \qquad (6-2)$$

（5）对被评价国家，已知它们各个具体指标 I_j（$1 \leqslant j \leqslant m$）的排序分数 p_{jk}，然后按照加权求和的方法得：

$$p_k = p_{jk} \times w_N \qquad (6-3)$$

得到物流成本指数的综合分数排序。

6.3 各国物流环境模拟算例

表6－2为5位参与者对45个物流相关指标中物流成本影响因素重要性的评价结果。

表6－2　　物流成本关键影响指标评价意见

专家 指标	参与者1 $w_1=30\%$	参与者2 $w_2=25\%$	参与者3 $w_3=15\%$	参与者4 $w_4=15\%$	参与者5 $w_5=15\%$	汇总得分 w_j
公路里程（千公里）	5	5	5	2	5	4.55
铁路里程（千公里）	5	5	5	2	5	4.55
航空运输，货运（万吨公里）	4	5	5	4	5	4.55
港口运输集装箱（20ft当量）	4	4	3	4	4	3.85
铁路货物运量（百万吨公里）	4	5	5	5	4	4.55
科技期刊本书	3	1	3	1	2	2.05
人均GDP（$当年）	3	4	3	4	4	3.55
服务业增加值占GDP	5	3	4	4	3	3.9
总消费比GDP	4	3	3	4	4	3.6
人均GNI（图表集法$）	3	3	3	4	3	3.15
GNI增速	3	3	3	4	3	3.15
海关程序效率（世界经济论坛，1最低，7最高）	5	4	5	4	2	4.15
高科技出口占货物出口（%）	4	1	3	4	3	2.95

续　表

专家 / 指标	参与者 1	参与者 2	参与者 3	参与者 4	参与者 5	汇总得分
	$w_1=30\%$	$w_2=25\%$	$w_3=15\%$	$w_4=15\%$	$w_5=15\%$	w_j
ICT 产品出口占货物出口（%）	4	1	2	4	3	2.8
每百人上网数	4	2	2	3	2	2.75
每百人手机	4	2	2	3	1	2.6
每千人机动车辆	4	1	2	3	3	2.65
港口基础设施的质量（1~7）	5	5	5	4	4	4.7
道路密度（每 $100km^2$ 路长）(km)	5	5	3	4	4	4.4
铺设路面所占比例	5	5	3	4	4	4.4
运输服务占服务出口	3	4	2	3	4	3.25
研发成本占 GDP（%）	3	2	4	4	3	3.05
从事研发的研究人员（每百万人口）	3	1	4	4	3	2.8
公路货物运量（百万吨公里）	4	5	5	4	5	4.55
人均 GDP 增速	3	2	4	5	3	3.2
农业增加值占 GDP（%）	4	2	3	4	4	3.35
制造业增加值占 GDP（%）	4	4	3	4	5	4
工业增加值占 GDP（%）	4	4	3	4	5	4
税收比 GDP	3	4	3	4	3	3.4
颗粒物排放损害比 GNI	2	3	1	2	1	1.95

续 表

专家 指标	参与者1 $w_1=30\%$	参与者2 $w_2=25\%$	参与者3 $w_3=15\%$	参与者4 $w_4=15\%$	参与者5 $w_5=15\%$	汇总得分 w_j
货物服务出口比GDP	3	4	1	2	3	2.8
每集装箱出口成本（$）	4	3	1	4	4	3.3
每集装箱进口成本（$）	4	3	1	4	4	3.3
公路每公里车辆	4	4	2	3	4	3.55
总税负比商业利润	3	5	2	4	4	3.65
柴油价格（美元每升）	4	5	2	5	4	4.1
汽油价格（美元每升）	4	5	2	5	4	4.1
煤电所占比例	3	2	1	2	2	2.15
能源进口比能源消耗	2	2	1	3	2	2
1000美元GDP（2005）耗能（kg）	2	1	1	2	2	1.6
公路部门能耗占总能耗（%）	4	2	1	3	3	2.75
交通运输CO_2排放量（占总量的百分比）	2	1	1	2	3	1.75
国际贸易比GDP	2	4	1	2	4	2.65
见税务官要送礼的企业占比	4	3	2	4	4	3.45
给官员非正当支付企业占比	4	3	2	4	4	3.45

N 位参与者填写了对社会物流成本的评价意见，专家的评价权重根据表 5－11 的权重 w_N 表示，入选的指标根据表 6－3 中 Vague 集的选择结果得出。专家对各指标的权重意见汇总 w_j^n，用表 6－2 中的汇总得分表示，并根据式（6－4）进行汇总：

$$w_N = \frac{1}{N}(w_j^1 + w_j^2 + \cdots + w_j^N), n = 1,2,\cdots,N \tag{6-4}$$

表 6－3　物流成本关键影响指标重要性评价结果

物流指标	$t_i(a_i)$	$f_i(a_i)$	$s_i(a_i)$	选择结果
公路里程（千公里）	0.85	0.15	0.7	√
铁路里程（千公里）	0.85	0.15	0.7	√
航空运输，货运（万吨公里）	1	0	1	√
港口运输集装箱（20ft 当量）	0.85	0	0.85	√
铁路货物运量（百万吨公里）	1	0	1	√
科技期刊本书	0	0.55	－0.55	—
人均 GDP（$当年）	0.55	0	0.55	√
服务业增加值占 GDP（%）	0.6	0	0.6	√
总消费比 GDP	0.6	0	0.6	√
人均 GNI（图表集法$）	0.15	0	0.15	—
GNI 增速	0.15	0	0.15	—
高科技出口占货物出口（%）	0.45	0.25	0.2	—
ICT 产品出口占货物出口（%）	0.45	0.4	0.05	—
每百人上网数	0.3	0.55	－0.25	—
每百人手机	0.3	0.55	－0.25	—
每千人机动车辆	0.3	0.4	－0.1	—
港口基础设施的质量（1～7）	1	0	1	√
道路密度（每 100km² 路长）（km）	0.85	0	0.85	√
铺设路面所占比例	0.85	0	0.85	√
运输服务占服务出口（%）	0.4	0.15	0.25	—
研发成本占 GDP（%）	0.3	0.25	0.05	—

续 表

物流指标	$t_i(a_i)$	$f_i(a_i)$	$s_i(a_i)$	选择结果
从事研发的研究人员（每百万人口）	0.3	0.25	0.05	—
公路货物运量（百万吨公里）	1	0	1	√
人均 GDP 增速	0.3	0.25	0.05	—
农业增加值占 GDP（%）	0.6	0.25	0.35	√
制造业增加值占 GDP（%）	0.85	0	0.85	√
工业增加值占 GDP（%）	0.85	0	0.85	√
税收比 GDP	0.4	0	0.4	√
颗粒物排放损害比 GNI	0	0.85	-0.85	—
货物服务出口比 GDP	0.25	0.3	-0.05	—
每集装箱出口成本（$）	0.6	0.15	0.45	√
每集装箱进口成本（$）	0.6	0.15	0.45	√
公路每公里车辆	0.7	0.15	0.55	√
总税负比商业利润	0.55	0.15	0.4	√
柴油价格（美元每升）	0.85	0.15	0.7	√
汽油价格（美元每升）	0.85	0.15	0.7	√
煤电所占比例	0	0.7	-0.7	—
能源进口比能源消耗	0	0.85	-0.85	—
公路部门能耗占总能耗（%）	0.3	0.74	-0.1	—
交通运输 CO_2 排放量（占总量的百分比）	0	0.85	-0.85	—
国际贸易比 GDP	0.4	0.45	-0.05	—
见税务官要送礼的企业占比	0.6	0.15	0.35	√
给官员非正当支付企业占比	0.6	0.15	0.35	√

从43 个物流环境相关指标中选择 24 个表示宏观社会物流成本的指标，依据第5 章表5－2 至表5－8 得分，可得出 12 个国家多年物流成本得分变化趋势（见图6－1 至图6－11）。

从图6－1 中国和美国的物流成本指数来看，中国和美国物流业同时快速发展，美国物流成本综合指数虽然在 2010 年前后有所下降，但中美两国在物流成本方面还存在明显的差距。美国近年来制造业缓慢发展，经济情况较复杂，物流业发展高峰与低谷并存。

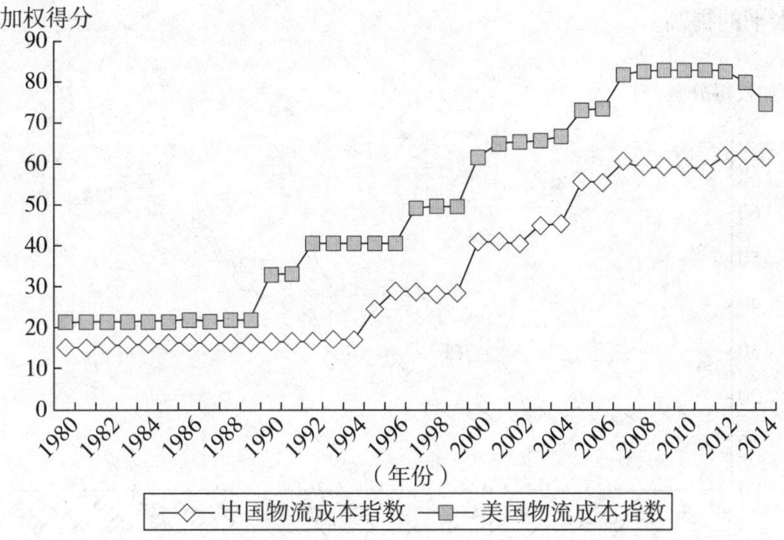

图 6-1 中国和美国历年物流成本综合指数加权得分比较

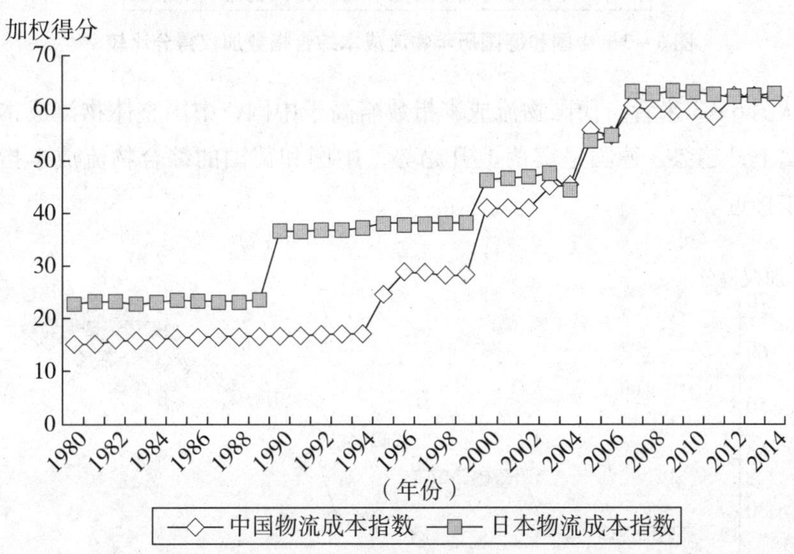

图 6-2 中国和日本历年物流成本综合指数加权得分比较

从图 6-2 来看，中国和日本的综合物流成本指数近年来基本接近。日本物流业非常发达，但是从物流成本指数上来看与中国接近。从另一个角度可以说明物流业的发展水平与社会物流成本相关，但是不能互相取代。一个国家的社会物流成本与 GDP 的比率，并不是越低越好。我们研究社会物流成本的最终目的，是使物流业健康、良好发展，最终促进国民经济的发展，国民生活水平的提高。

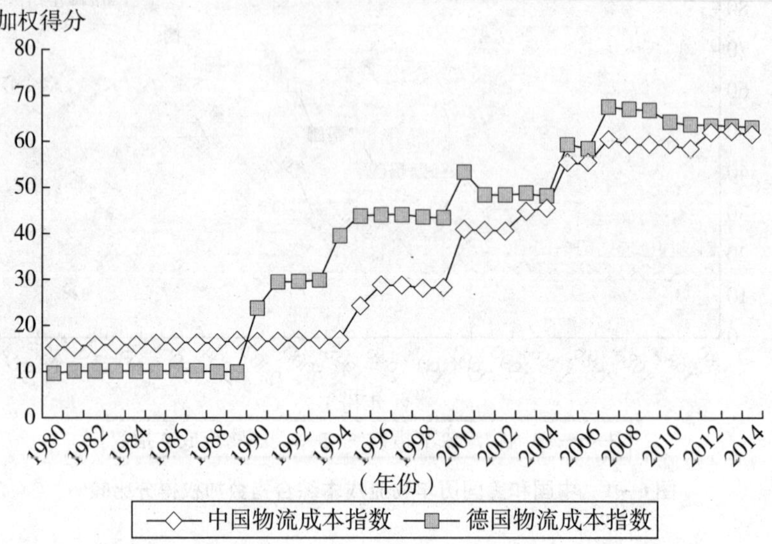

图 6－3　中国和德国历年物流成本综合指数加权得分比较

从图 6－3 来看，德国物流成本指数略高于中国，中国整体物流成本发展指数呈上升趋势，德国呈震荡上升趋势，中国和德国的综合物流成本指数近三年来接近。

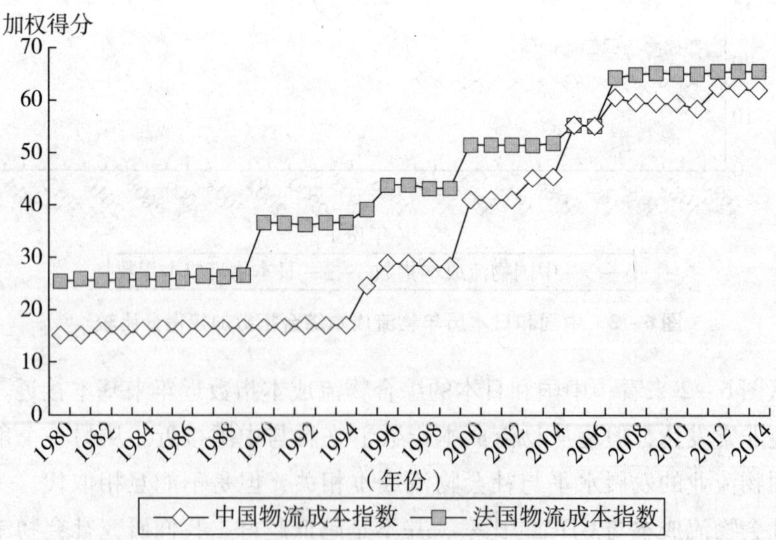

图 6－4　中国和法国历年物流成本综合指数加权得分比较

从图 6 -4 来看，中国和法国的综合物流成本指数比较，法国物流成本指数略高于中国。

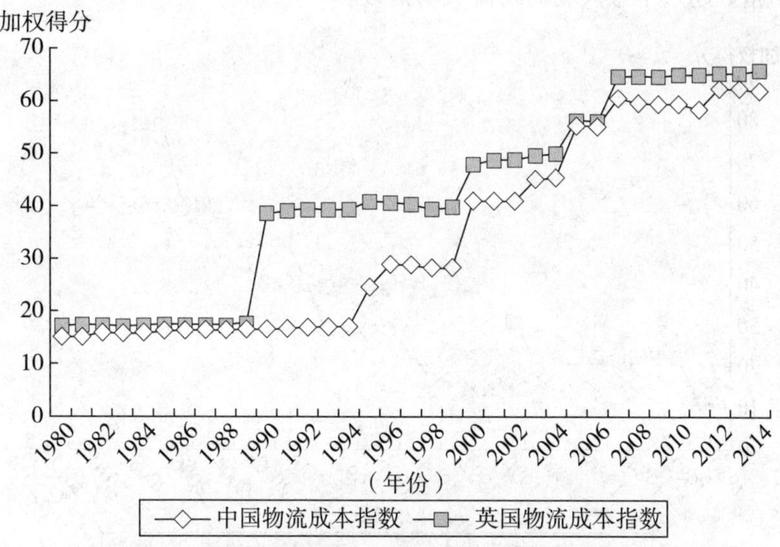

图 6 -5　中国和英国历年物流成本综合指数加权得分比较

从图 6 -5 来看，中国和英国的综合物流成本指数比较，英国物流成本指数略高于中国。

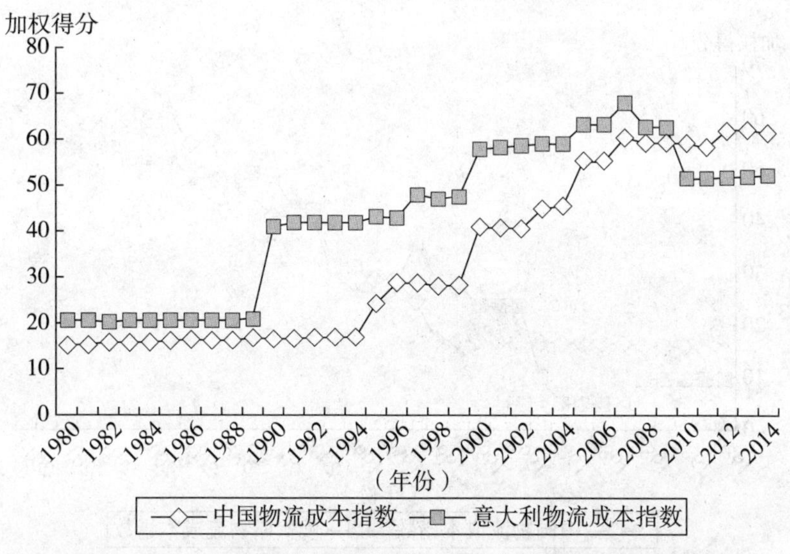

图 6 -6　中国和意大利历年物流成本综合指数加权得分比较

从图6-6中国和意大利物流成本发展指数来看，意大利物流业2007年开始呈下降的趋势，受世界金融危机和欧洲债务危机的影响，2009年中国物流成本指数超过了意大利的物流成本指数。

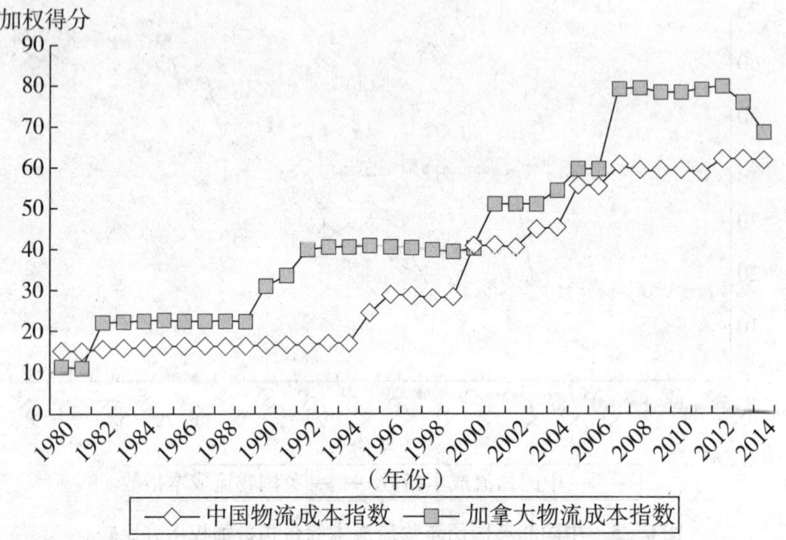

图6-7 中国和加拿大历年物流成本综合指数加权得分比较

从图6-7来看，中国和加拿大的综合物流成本指数比较，加拿大物流成本指数2011年开始下降，但还是明显高于中国物流成本指数。

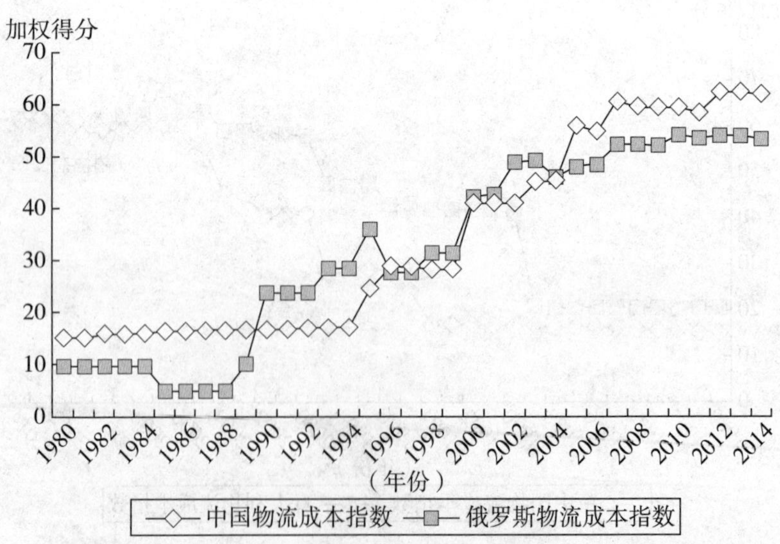

图6-8 中国和俄罗斯历年物流成本综合指数加权得分比较

从图 6 - 8 来看，中国和俄罗斯的综合物流成本指数比较，中国物流成本指数持续上升，从 2004 年开始明显高于俄罗斯物流成本指数。

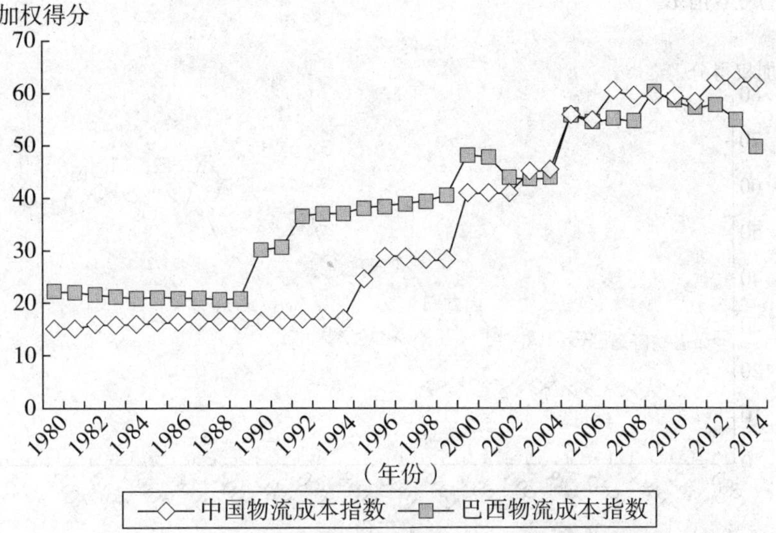

图 6 - 9　中国和巴西历年物流成本综合指数加权得分比较

中国和巴西同为国土面积较大的发展中国家。从图 6 - 9 来看，中国和巴西的综合物流成本指数比较，中国物流成本指数持续上升，巴西物流成本指数从 2007 年开始下降，中国 2008 年以来高于巴西物流成本指数。

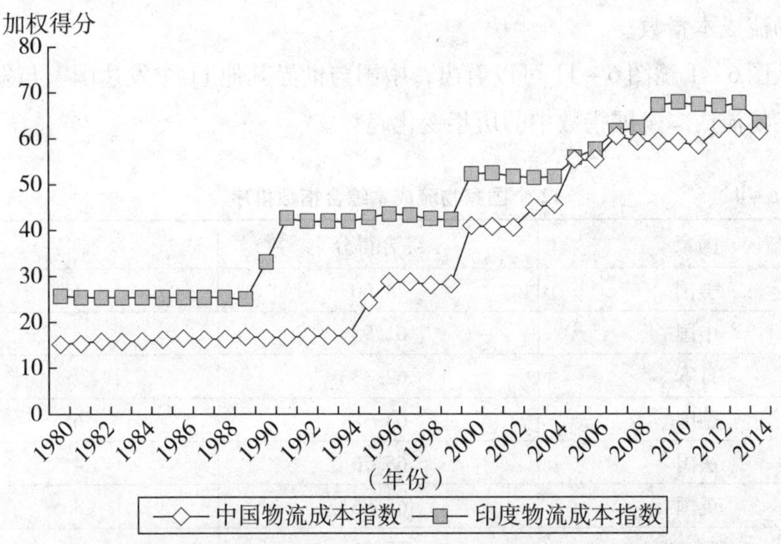

图 6 - 10　中国和印度历年物流成本综合指数加权得分比较

从图 6 - 10 来看，中国和印度的综合物流成本指数比较，中国物流成本指数持续上升，印度物流成本指数同期也明显上升，印度 2007 年以来高于中国物流成本指数。

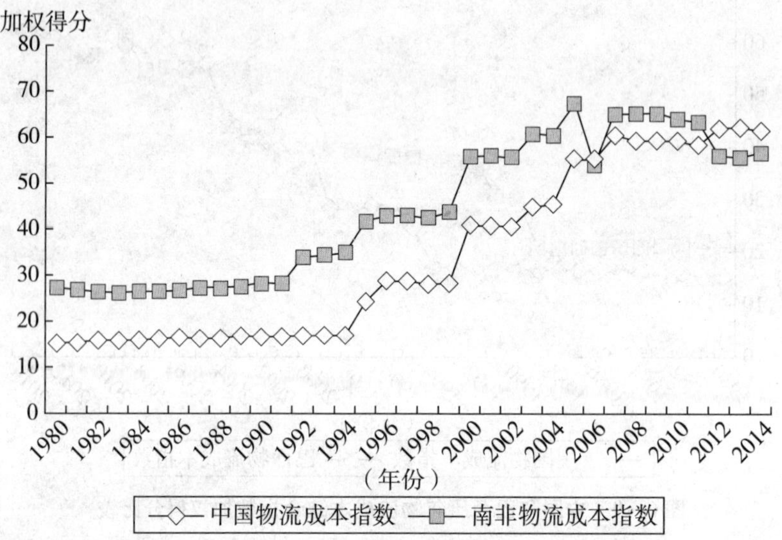

图 6 - 11　中国和南非历年物流成本综合指数加权得分比较

从图 6 - 11 来看，中国和南非的综合物流成本指数比较，中国物流成本指数持续上升，南非 2007 年物流成本指数缓慢下降，中国 2011 年开始超过南非物流成本指数。

从图 6 - 1 至图 6 - 11 可以看出，中国与世界其他 11 个发达国家与发展中国家在物流成本发展指数中的历年变化趋势。

表 6 - 4　12 个国家物流成本综合指数排序

国家	综合得分	排名
美国	74. 60	1
中国	61. 93	8
日本	62. 73	7
德国	63. 38	6
法国	65. 76	4
英国	65. 86	3
意大利	52. 31	11

续 表

国家	综合得分	排名
加拿大	68.29	2
俄罗斯	53.46	10
巴西	49.81	12
印度	63.90	5
南非	56.51	9

表6－4 中，中国居于第 8 名的位置。美国和加拿大分列第 1 名和第 2 名；法国、英国和印度也排名靠前；俄罗斯、意大利和巴西排名靠后。从以上得分可以看出，中国在包含多个发达国家在内的 12 国中，居于中间略偏后的位置，但与物流成本指数较强的国家相比，分数的差距并不大。以上结论可以得出，一方面说明我们在物流成本综合发展中还有可以改进的空间，另一方面说明我国与世界物流强国的差距并不是非常大而不可逾越的。

6.4 本章小结

本章对世界各国物流业发展环境做了比较研究，运用世界银行的数据对世界 214 个国家、地区进行了比较，并对结果进行了分析。此外，本章构建了物流环境影响因素评价体系，运用 vague 集结合层次分析确定物流成本影响指标及权重，对结果进行了多国比较。

7 研究结论与对策建议

7.1 研究结论

中国物流产业的发展，需要在21世纪大数据时代背景下，逐渐完善企业物流与社会物流成本核算体系。

第一，从产业结构来讲，中国的工业占GDP百分比与中国的工业物流需求系数造成了中国现阶段社会物流总额与货运周转量明显高于世界发达国家。从中国社会物流核算体系角度来看，造成了中国社会物流成本占GDP百分比较高。中国产业构成的变化不是短期实现的，我们不应以美国产业构成经济发展的最终目的，产业构成是多种因素决定的，因此在中国的物流成本核算方法下，适合的物流成本与GDP比率可以反映物流业的健康良性发展，该比率并非越低越好。

第二，从上述相应数据可以看出，我国因为物流业管理水平与物流仓储保管水平不足而造成的物流管理成本与仓储成本高于世界上其他物流业发展较好的国家。我国物流管理、物流仓储园区的发展存在较大的提升空间。发展多式联运、冷链物流改善我国物流业管理仓储水平是必要的措施。

第三，我国的公路、铁路、水运等基础建设水平近年来发展较快，航空与油管运输也在稳定发展，因此我国运输成本主要受高货运周转量的影响保持在较高水平，单位运价低于物流业发达国家如美国。从中国的基础设施如公路、铁路、水运、航空及油管运输来看，与美国基础设施相比还有继续提升的空间。

如果我国运输水平、管理水平、仓储水平同时提升到物流业发达国家的水平，并且服务业占较大比重时，考虑我国单位运价仍保持较低时，社会物流成本将低于美国现有物流成本与 GDP 比值。我们紧密结合宏观物流环境和物流转型升级历程，准确把握物流成本的变化规律。

7.2 降低我国物流成本的对策建议

（1）转变政府职能，加快行政审批制度改革，取消不必要的行政审批项目，精简审批手续，简化审批程序，提高行政效率。改进政府服务方式，完善服务内容，对投资项目的申办、建设、运行实行部门受理、内部衔接、首问负责、全程服务的服务模式。通过政策驱动行业整合与合作，引导企业改善技术装备，提高管理水平，实现降低物流企业的运作成本。

（2）继续加强我国物流业的信息化建设，推广农村电商、线上线下融合及跨境电商等方面创新流通方式。发展信息技术的目标是实现物流的信息化、自动化和智能化。物流的信息化是指商品代码和数据的建立、运输网络合理化、销售网络合理化、电子商务和物流条码技术应用等。物流的信息化可实现信息共享，使信息的传递更加方便、快捷、准确，提高整个物流系统的效率，进而最大限度地减少物流成本。

（3）鼓励物流企业创新。物流管理创新的领域和方法很多，物流企业应从实现战略目标、降低物流成本的要求出发，选择合适的管理创新方式。企业要积极推行作业成本法，拓展物流成本的范围，全面掌握物流成本开支情况，为物流成本管理和控制提供可靠依据。同时，行业协会及相关职能部门应该积极推行物流标准化，按国际惯例和国家通行标准制定物流计算标准、物流设施标准等，规范物流成本的构成和计算，对物流的每个环节都实行统一的技术标准和管理规范。企业和政府都应该正确树立供应链思维，从供应链的视角实施物流成本管理，将供应链中的各个节点看作一个整体，将流通活动的各个环节结合起来，各个企业之间通过竞争与合作的管理降低社会物流成本，提高物流服务水平。

（4）构建基于高新技术的物流公共服务平台。物流与供应链公共服务平台是为了物流业的发展，针对公共需求，通过组织整合、集成优化各类资源，提供可共享共用的基础设施、设备和信息资源共享的各类渠道，为用户群体的公共需求提供统一的辅助解决方案，达到减少重复投入、提高资源效率、加强信息共享的目的。

7.3 物流业与经济发展的对策建议

（1）伴随产业结构调整优化制造业与物流业并行。把“制造业与物流业”协同发展，纳入政府经济中长期规划。制造业是国民经济的支撑性产业，物流业是支撑制造业发展和国民经济发展的基础性、战略性产业。可以鼓励制造企业分离外包服务业务，促进企业内部物流需求社会化。优化制造业、商贸业物流资源配置，提供社会物流服务。

（2）在全球经济温和增长且不均衡的环境下，无论是发达经济体还是发展中的新兴经济体，都需要提高产出，加快物流与供应链的体系建设。在世界物流业稳定增长，全球物流中心逐渐由欧美向亚太地区转移的前提条件下，中国需进一步加强自身基础设施建设，继续进行产业转型升级，进一步促进科技与商业模式创新，增强区域流通能力，降低物流与供应链运营成本，以承接日益增长的物流与供应链需求规模。

参考文献

［1］中华人民共和国国务院．物流业发展中长期规划（2014—2020 年）［R］．北京：中华人民共和国国务院，2014.

［2］中国物流与采购联合会、中国物流技术协会、中国物品编码中心，等．中华人民共和国国家标准　物流术语（GB/T 18354—2006）［M］．中国标准出版社，2007.

［3］中国物流与采购联合会．中国物流年鉴（2015）［M］．北京：中国财富出版社，2015.

［4］美国供应链管理专业协会（CSCMP）．美国物流年度报告［R］.2015.

［5］Ronald H. Ballou. 企业物流管理——供应链的规划、组织和控制．王晓东，胡瑞娟，译．［M］.2 版．北京：机械工业出版社，2006.

［6］逯宇峰，刘峰，钱谊，等．国际物流［M］．北京：清华大学出版社，2012.

［7］索沪生．完善多式联运是降低物流成本的基础——对降低我国物流成本的思考（上）［N］．中国经济导报，2014-4-17（3）.

［8］乔丽，张可明．产业结构演变对物流需求的影响［J］．山西建筑，2005（31）：193-194.

［9］曹茜茜．社会物流成本与其主要影响因素的关系研究［D］．北京：北京工业大学，2012.

［10］高法奎．我国与发达国家物流成本的比较研究［D］．上海：上海海事大学，2006.

［11］郑波，许茂增．中国与美国、南非物流总成本计算方法比较分析［J］．中国市场，2011（49）：13-23.

［12］袁晓霞，刘宏伟．我国社会物流总成本的产业角度解析［J］．物

流科技，2013（1）：21－23.

［13］陈良勇，浦震寰．社会物流成本统计算式结构内涵辨析［J］．物流工程与管理，2010，32（11）：37－39.

［14］王增慧．美国物流成本的计算对我国物流成本优化的启示［J］．物流技术，2014，33（7）：65－67.

［15］沈渊．基于灰关联分析的中美社会物流成本比较研究［J］．技术经济与管理研究，2012（9）：17－20.

［16］胡心专，张亚明，张文文．BP 神经网络在社会物流成本预测中的应用［J］．企业经济，2010（10）：93－95.

［17］陈高原．美国物流的突出特点［EB/OL］．http：//info. jctrans. com/xueyuan/wlyt/201311121985079. shtml.

［18］索沪生．中美物流成本比较分析及启示［J］．宏观经济管理，2014（1）：85－87.

［19］朱晔．美国物流业发展对我国的启示［J］．中国物流与采购，2013（16）：70－71.

［20］赵瑾，程业炳，郑谦．美国物流业发展现状探析［J］．重庆科技学院学报：社会科学版，2014（4）：70－72.

［21］高红平．国内外物流成本的构成结构比较分析［J］．现代商业，2006（7）：43－47.

［22］国家发展与改革委员会，中国物流与采购联合会．社会物流统计核算与报表制度，北京：2014.

［23］王文博，杨思瞳，曹璐．2014 年全球物流发展动态［R］//中国物流与采购联合会．中国物流年鉴（2015）．北京：中国财富出版社，2015.

［24］周晓光，谭春桥，张强．基于 Vague 集的决策理论与方法［M］．北京：科学出版社，2009.

［25］郝奕，张强．基于 Vague 集和属性综合评价的股票投资价值分析方法［J］．中国管理科学，2005，13（2）：15－21.

［26］Bureau of Transportation Statistics U. S.. http：//www. rita. dot. gov/bts/sites/rita. dot. gov. bts/files/publications/national_transportation_statistics/index. html.

［27］Commercial Development of Regional Ports as Logistics Centres. Economic and Social Commission for Asia and the Pacific of UN［R］. UN：Now Yonk，

2002: 81 -95.

[28] ZADEH L A. Fuzzy Sets [J]. Information and Control, 1965 (8): 338 -353.

[29] ATANASSOV K. Intuitionistic fuzzy sets [J] . Fuzzy Sets and Systems, 1986 (20): 87 -96.

[30] GAU W L, BUEHRER D J. Vague sets [J] . IEEE Transaction on Systems, Man, and Cybernetics, 1993 (23): 610 -614.

[31] ROSALYN WILSON. 23rd Annual State of Logistics Report [R]. Washington DC: National press club, 2013.

附录1　中国社会物流核算指标解释

1. **法人单位基本情况（物流统调1－1表）**①

组织机构代码（01）：指根据中华人民共和国国家标准《全国组织机构代码编制规则》（GB11714—1997），由组织机构代码登记主管部门给每个企业颁发的在全国范围内唯一的、始终不变的法定代码。

具体填写规定如下：已经领取了法定代码的法人单位必须使用法定代码，不得使用临时代码。组织机构代码由八位无属性的数字和一位校验码组成。在填写时，要按照技术监督部门颁发的《中华人民共和国组织机构代码证》上的代码填写。

法人单位名称（02）：指经有关部门批准正式使用的单位全称。

企业的详细名称按工商部门登记的名称填写，填写时要求使用规范化汉字全称，与单位公章所使用的名称完全一致。

凡经登记主管机关核准或批准，具有两个或两个以上名称的单位，要求填写一个法人单位名称，同时用括号注明其余的单位名称。

法定代表人（负责人）（03）：指依照法律或者法人组织章程规定，代表法人行使职权的负责人。

企业法定代表人按《企业法人营业执照》填写；民办非企业法定代表人按《民办非企业单位（法人）登记证书》填写；

单位所在地及行政区划（04）：指单位实际所处的详细地址及行政区划代码等。本栏分四部分填写：

第一部分：单位实际所在地的详细地址。要求写明单位所在的省、市、县（区、市）、乡（镇）以及具体街（村）的名称和详细的门牌号码，不能

① 此处详细内容可见国家发改委与中国物流与采购联合会2014年8月发布的《社会物流统计核算与报表制度》。

填写通信号码或通信信箱号码。

第二部分：单位归属的街道办事处、居委会或村委会。位于城市内的单位填写所在街道办事处及居委会的名称；位于农村的单位填写所在村委会的名称。

第三部分：行政区划代码，仅仅填写六位代码，比如：处于北京市东城区的企业行政区划代码是110101。

第四部分：邮政编码。

行业类别（05）：根据其从事的社会经济活动性质对各类单位进行的分类。本项分两部分填写：

（1）主要业务活动（或主要产品）栏。具体填写各单位的1~3种主要业务活动（或主要产品）名称，并按其重要程度或总产值所占比重，从大到小顺序排列。

军工企业兼生产民品的只填写主要民品的名称。

筹建单位按建成投产（营业）后的活动性质填写主要业务活动（或主要产品）名称。

（2）行业代码栏。调查企业免填，由所在地统计调查部门根据各单位填写的主要业务活动（或主要产品）名称，对照《国民经济行业分类》（GB/T 4754—2011）填写行业小类代码。

筹建单位按建成投产（营业）后的活动性质填写行业小类代码。

物流企业类型（06）：根据企业以某项服务功能为主要特征，并向物流服务其他功能延伸的不同状况，划分物流企业类型，主要分为运输型、仓储型和综合型，参照《物流企业分类与评估指标》（GB/T 19680—2013）由物流企业填写。

6.1　运输型物流企业

运输型物流企业应同时符合以下要求：

（1）以从事货物运输业务为主，包括货物快递服务或运输代理服务，具备一定规模；

（2）可以提供门到门运输、门到站运输、站到门运输、站到站运输服务和其他物流服务；

（3）企业自有一定数量的运输设备；

(4) 具备网络化信息服务功能，应用信息系统可对运输货场进行状态查询、监控。

6.2 仓储型物流企业

仓储型物流企业应同时符合以下要求：

(1) 以从事仓储业务为主，为客户提供货物储存、保管、中转等仓储服务，具备一定规模；

(2) 企业能为客户提供配送服务以及商品经销、流通加工等其他服务；

(3) 企业自有一定规模的仓储设施、设备，自有或租用必要的货运车辆；

(4) 具备网络化信息服务功能，应用信息系统可对货物进行状态查询、监控。

6.3 综合服务型物流企业

综合服务型物流企业应同时符合以下要求：

(1) 从事多种物流服务业务，可以为客户提供运输、货运代理、仓储、配送等多种物流服务，具备一定规模；

(2) 根据客户的需求，为客户制订整合物流资源的运作方案，为客户提供契约性的综合物流服务；

(3) 按照业务要求，企业自有或租用必要的运输设备、仓储设施及设备；

(4) 企业具有一定运营范围的货物集散、分拨网络；

(5) 企业配置专门的机构和人员，建立完备的客户服务体系，能及时、有效地提供客户服务；

(6) 具备网络化信息服务功能，应用信息系统可对物流服务全过程进行状态查询和监控。

物流企业服务对象（07）：指报告期内，运输及仓储企业运输、储存货物的类别，分为农产品、大宗商品、快速消费品、汽车、电子设备及电器、危化品、其他7个类别。其中：

(1) 大宗商品是指可进入流通领域，具有商品属性用于工农业生产与消费使用的大批量买卖的物质商品。在金融投资市场，大宗商品指同质化、可交易、被广泛作为工业基础原材料的商品，如原油、有色金属、铁矿石、煤炭等。

（2）快速消费品主要包括包装食品、个人卫生用品、烟草、酒类及饮料等。

（3）危化品主要指易燃、易爆、有毒、有害的，需要专门组织或技术人员使用特殊车辆、设施进行储运的非常规物品。

物流企业服务范围（08）：指物流企业提供的物流业务服务所覆盖的区域范围，包括本省（自治区、直辖市）、跨省（自治区、直辖市）和国际三种选项。填报时，请分别在第二、三格中具体填写所覆盖的地（区、市、州、盟）个数、省（自治区、直辖市）的个数或国家个数。

登记注册类型（09）：企业登记注册类型，按其在工商行政管理机关登记注册的类型填写。

工商行政管理部门对企业（单位）登记注册的类型分为以下几种。

（1）国有企业：指企业全部资产归国家所有，并按《中华人民共和国企业法人登记管理条例》规定登记注册的非公司制的经济组织。不包括有限责任公司中的国有独资公司。

（2）集体企业：指企业资产归集体所有，并按《中华人民共和国企业法人登记管理条例》规定登记注册的经济组织。

（3）股份合作企业：指以合作制为基础，由企业职工共同出资入股，吸收一定比例的社会资产投资组建，实行自主经营，自负盈亏，共同劳动，民主管理，按劳分配与按股分红相结合的一种集体经济组织。

（4）联营企业：两个及两个以上相同或不同所有制性质的企业法人或事业单位法人，按自愿、平等、互利的原则，共同投资组成的经济组织称为联营企业。联营企业包括国有联营企业、集体联营企业、国有与集体联营企业和其他联营企业。

（5）有限责任公司：根据《中华人民共和国公司登记管理条例》规定登记注册，由2个以上、50个以下的股东共同出资，每个股东以其所认缴的出资额对公司承担有限责任，公司以其全部资产对其债务承担责任的经济组织称为有限责任公司。有限责任公司分为国有独资公司以及其他有限责任公司。

（6）股份有限公司：指根据《中华人民共和国公司登记管理条例》规定登记注册，其全部注册资本由等额股份构成并通过发行股票筹集资本，股东以其认购的股份对公司承担有限责任，公司以其全部资产对其债务承担责任的经济组织。

(7) 私营企业：由自然人投资设立或由自然人控股，以雇用劳动为基础的营利性经济组织称为私营企业。包括按照《公司法》《合伙企业法》《私营企业暂行条例》以及《个人独资企业法》规定登记注册的私营独资企业、私营有限责任公司、私营股份有限公司、私营合伙企业和个人独资企业。

(8) 其他企业：指上述第（1）条至第（7）条之外的其他内资经济组织。

(9) 港澳台商合资经营企业：指港澳台地区投资者与内地的企业依照《中华人民共和国中外合资经营企业法》及有关法律的规定，按合同规定的比例投资设立，分享利润和分担风险的企业。

(10) 港澳台商合作经营企业（港或澳、台资）：指港澳台地区投资者与内地企业依照《中华人民共和国中外合作经营企业法》及有关法律的规定，依照合作合同的约定进行投资或提供条件设立，分配利润、分担风险和亏损的企业。

(11) 港澳台商独资经营企业：指依照《中华人民共和国外资企业法》及有关法律的规定，在内地设立的由港澳台地区投资者在内地全额投资设立的企业。

(12) 港澳台商投资股份有限公司：指根据国家有关规定，经外经贸部批准设立，并且其中港、澳、台商的股本占公司注册资本的比例达25%以上的股份有限公司。凡其中港、澳、台商的股本占公司注册资本的比例小于25%的，属于内资中的股份有限公司。

(13) 中外合资经营企业：指外国企业或外国人与中国内地企业依照《中华人民共和国中外合资经营企业法》及有关法律的规定，按合同规定的比例投资设立，分享利润和分担风险的企业。

(14) 中外合作经营企业：指外国企业或外国人与中国内地企业依照《中华人民共和国中外合作经营企业法》及有关法律的规定，依照合作合同的约定进行投资或提供条件设立，分配利润、分担风险和亏损的企业。

(15) 外资企业：指依照《中华人民共和国外资企业法》及有关法律的规定，在中国内地设立的由外国投资者全额投资设立的企业。

(16) 外商投资股份有限公司：指根据国家有关规定，经商务部批准设立，并且其中外资的股本占公司注册资本的比例达25%以上的股份有限公司。凡其中外资股本占公司注册资本的比例小于25%的，属于内资中的股份有限公司。

开业（成立）时间（10）：除筹建单位外，所有单位均填写本项。

（1）新中国成立前成立的单位填写最早开工或成立的年月；

（2）新中国成立后成立的单位填写领取营业执照或批准成立的时间（如开业年月早于领取营业执照的时间，填写最早开业年月）；

（3）改制企业按原成立时间填写；

（4）企业分立、合并分两种情况：一种是因合并或分立而新设的企业，按工商部门重新登记的开业的时间填写；另一种是合并或分立后继续存在的企业，填写原企业开业时间；

（5）与外方或港、澳、台合资的企业，按领取合资企业营业执照的时间填写。

年末从业人员数（11）：指在本单位工作并取得劳动报酬或收入的年末实有人员数。年末从业人员包括在各单位工作的外方人员和港澳台方人员、兼职人员、再就业的离退休人员、借用的外单位人员和第二职业者，但不包括离开本单位仍保留劳动关系的职工。

年末物流岗位从业人员合计：指在本单位物流岗位取得劳动报酬或收入的年末实有人员数。除物流企业以外企业填报。

具有中、高级物流师资格人员：指持有中国物流与采购联合会颁发的高级物流师资格认证、物流师资格认证的人员。

基础设施（12）：

自有仓储面积（m^2）：指本企业拥有并用于保管、储存物品的建筑物和场所的面积，包括库房面积和货场面积。库房面积＝内墙的长×宽－障碍物面积（不能存放货物部分的面积，如：柱子）。

自有仓储容积（m^3）：本企业拥有并用于保管、储存物品的建筑物和场所的体积，包括各类罐、库等容积。

租用仓储面积（m^2）：指租用本企业以外的保管、储存物品的建筑物和场所的面积。包括库房面积和货场面积。

租用仓储容积（m^3）：租用本企业以外的保管、储存物品的建筑物和场所的体积。包括各类罐、库等容积。

铁路专用线（条）：指和铁路大动脉相连，归企业所有的为加速货物的集散而铺设的专用铁路线。

货运车辆（辆）：包括普通货车和专用货车。

普通货车（辆）：指只有一般构造的栏板式及平板式货运汽车，包括自卸车、半挂车等。

专用货车（辆）：指具有特殊构造和专门用途的货运汽车，如集装箱专用车、冷藏车、罐车、活畜运输车、散装水泥车等。

冷藏车（辆）：能进行冷冻运输的货运汽车。

集装箱专用车（辆）：专用装载集装箱的货运汽车。

物流信息系统：由人员、计算机硬件、软件、网络通信设备及其他办公设备组成的人机交互系统，其主要功能是进行物流信息的收集、存储、传输、加工整理、维护和输出，为物流管理者及其他组织管理人员提供战略、战术及运作决策的支持，以达到组织的战略竞优，提高物流运作的效率与效益。

EPR：Enterprise Resource Planning，企业资源计划，是把企业的物流、人流、资金流、信息流统一起来进行管理，以求最大限度地利用企业现有资源，实现企业经济效益的最大化的企业管理模式。

GPS：Global Positioning System，GPS 车辆监控调度系统，由美国建设和控制的一组卫星所组成的、24 小时提供高精度的全球范围的定位和导航信息的系统。

GIS：Geographical Information System，地理信息系统，由计算机软硬件环境、地理空间数据、系统维护和使用人员四部分组成的空间信息系统，可对整个或部分地球表层（包括大气层）空间中有关地理分布数据进行采集、储存、管理、运算、分析显示和描述。

TMS：Transportation Management System，运输管理系统，主要在物流管理系统中，其主要功能是对物流环节中的运输环节的具体管理、包括车辆管理，在运途中货物的管理等。

CRM：Customer Relationship Management，客户关系管理，自动化分析销售、市场营销、客户服务以及应用支持等流程的软件系统。它的目标是缩减销售周期和销售成本、增加收入、寻找扩展业务所需的新的市场和渠道以及提高客户的价值、满意度、盈利性和忠实度。CRM 是选择和管理有价值客户及其关系的一种商业策略，CRM 要求以客户为中心的企业文化来支持有效的市场营销、销售与服务流程。

WMS：Warehouse Management System，仓库管理系统，通过入库业务、出

库业务、仓库调拨、库存调拨和虚仓管理等功能，综合批次管理、物料对应、库存盘点、质检管理、虚仓管理和即时库存管理等功能综合运用的管理系统。

EOS：Electronic Order System，电子订货系统，不同组织间利用通信网络和终端设备进行订货作业与订货信息交换的系统。

EDI：Electronic Data Interchange，电子数据交换，将商业或行政事务按一个公认的标准，形成结构化的事务处理或文档数据格式，从计算机到计算机的电子传输方法。

CAPS：Computer Aided Picking System，电脑辅助拣货系统，利用电脑系统持订货单来拣货的资讯系统，以减少错误率及提升正确性。

2. 物流企业经营情况（物流统调1－2表）

组织机构代码：同法人单位基本情况（物流统调1－1表）01指标。

法人单位名称：同法人单位基本情况（物流统调1－1表）02指标。

货运量（01）：指报告期内企业利用各种运输工具实际运送到目的地并卸完的货物数量。

周转量（02）：指报告期内企业利用各种运输工具实际完成运送过程的货物运输量。计算公式为：

$$\text{货物周转量} = \sum(\text{每批货物重量} \times \text{该批货物的运送距离})$$

配送量（03）：指报告期内企业根据用户的要求，对货物进行拣选、加工、包装、分割、组配等作业，并按时送达指定地点的货物数量。

流通加工量（04）：指报告期内企业根据用户的要求，在货物从生产地到消费地过程中，经过企业包装、分割、计量、分拣、刷标志、栓标签、组装等作业的货物数量。

包装量（05）：指报告期内货物从生产地到消费地过程中，企业按一定技术方法采用容器、材料及辅助物进行分装、集装等作业的货物数量。

装卸搬运量（06）：指报告期内企业在指定地点以人力或机械载入、卸出运输工具，或对物品进行空间移动作业的货物数量。

吞吐量（07）：指报告期内企业进入（仓库或港口）和送出货物总量。

$$\text{货物吞吐量} = \text{进入货物重量} + \text{送出货物重量}$$

物流业务收入（08）：指报告期内物流企业通过物流业务活动得到的收入。根据会计“利润表”中对应指标计算填列。

配送收入（09）：指报告期内企业完成货物配送业务所取得的业务收入。

流通加工收入（10）：指报告期内企业完成货物流通加工业务所取得的业务收入。

包装收入（11）：指报告期内企业完成货物包装业务所取得的业务收入。

信息及相关服务收入（12）：指报告期内企业完成信息及相关服务业务所取得的业务收入。

货代业务收入（13）：指报告期内企业从事货代业务取得的收入。

一体化物流业务收入（14）：指报告期内企业完成一体化物流业务所取得的业务收入。

仓储收入（15）：指报告期内企业完成货物仓储业务所取得的业务收入。

运输收入（16）：指报告期内企业完成各种运输活动所取得的收入（含监管收入）。

装卸搬运收入（17）：指报告期内企业完成装卸搬运业务所取得的业务收入。

物流业务成本（18）：指报告期内企业从事物流业务活动所发生的实际成本。根据会计“利润表”中对应指标计算填列。

配送成本（19）：指报告期内企业为完成货物配送业务而发生的全部费用。包括支付外部配送费和企业自身完成配送业务所发生的费用。包括业务人员的工资福利、配送设施折旧、燃料与动力消耗、设施设备维修保养费、业务费。

流通加工成本（20）：指报告期内企业为完成货物流通加工业务而发生的全部费用。包括支付外部流通加工费和自有设备流通加工费。包括业务人员的工资福利、加工设施折旧、燃料与动力消耗、设施设备维修保养费、业务费。

包装成本（21）：指报告期内企业为完成货物包装业务而发生的全部费用。包括运输包装费和集装、分装包装费。包括业务人员的工资福利、包装设施折旧、包装材料消耗、设施设备维修保养费、业务费。

信息及相关服务成本（22）：指报告期内企业为完成信息及相关服务业务而发生的全部费用。包括支付外部信息及相关业务费和本企业内部信息及相关服务业务费。包括信息及相关业务的业务人员工资福利、信息及相关业务设施折旧、燃料与动力消耗、设施设备维修保养费、业务费。

货代业务成本（23）：指报告期内企业从事货代业务活动而发生的成本。

根据“利润表”或会计科目中对应项的本期累计数计算填报。

一体化物流业务成本（24）：指报告期内企业从事一体化物流业务活动而发生的成本。根据“利润表”或会计科目中对应项的本期累计数计算填报。

仓储成本（25）：指报告期内企业为完成货物储存业务而发生的全部费用。包括业务人员的工资福利、仓库设施折旧、水电费、燃料与动力消耗、设施设备维修保养费、业务费。

运输成本（26）：指报告期内企业为完成货物运输业务而发生的全部费用。包括支付外部运输费和自有车辆运输费。包括从事货物运输业务人员的工资福利、车辆（船舶、飞机、管道）折旧、燃料与动力消耗、过路过桥费、维修保养费、年检费、企业货物运输业务费。

燃油成本（27）：指报告期内企业为完成各项物流业务消耗的燃油费用。

装卸搬运成本（28）：指报告期内企业为完成货物装卸搬运业务而发生的全部费用。包括业务人员的工资福利、装卸搬运设施折旧、燃料与动力消耗、设施设备维修保养费、业务费。

管理成本（29）：指企业行政管理部门和企业的董事会为组织和管理企业生产经营活动而发生的各项费用，根据“利润表”中“管理费用”项的“本年累计数”填列。

物流人员劳动报酬（30）：指报告期内从事物流工作的劳动者从本单位得到的全部劳动报酬，包括工资、福利费、奖金、津贴及各种补助。根据会计“应付工资”“应付福利费”科目的本期贷方累计发生额填列。

物流业务利润额（31）：指报告期内企业完成物流业务所取得的利润。该指标根据会计“利润表”中对应指标填列。

物流业务营业税金及附加（32）：指报告期内企业从事物流业务活动，按规定向财税部门交纳的各种税金。包括利润表中的主营业务（经营、营业）税金及附加、应交增值税，财务成本表中属于物流业务部分的房产税、车船税、土地使用税、印花税以及养路费、排污费、水电费附加、上交管理费等。

资产总计（33）：指报告期末企业拥有或者控制的能以货币计量的经济资源，包括各种财产、债权和其他权利。资产按流动性质一般分为流动资产、长期投资、固定资产、无形资产、递延资产和其他资产。根据会计“资产负债表”中“资产总计”项的期末数填列。

流动资产合计（34）：指企业可以在一年内或者超过一年的一个生产周期

内变现或者耗用的资产，包括现金及各种存款、短期投资、应收及预付款项、存货等。根据会计“资产负债表”中“流动资产合计”项的期末数填列。

负债合计（35）：为企业流动负债与长期负债两项合计。

流动负债合计：指企业在一年内或超过一年的一个营业周期内需要偿还的债务，包括短期借款、应付票据、应付账款、预收账款、应付工资、应交税金、应付利润、预提费用等。根据企业会计“资产负债表”中“流动负债合计”的期末数填报。

长期负债合计：指企业偿还期在一年以上或者超过一年的一个营业周期以上的债务，包括长期借款、长期应付款、应付债券等。根据会计“资产负债表”中的“长期负债合计”的期末数填报。

固定资产折旧（36）：指企业在报告期末提取的历年固定资产折旧累计数。根据会计“资产负债表”中“累计折旧”项的年末数填列。

固定资产投资完成额（37）：指企业以货币表现的建造和购置固定资产活动的工作量。

3. 企业物流状况（物流统调1－3表）

组织机构代码：同法人单位基本情况（物流统调1－1表）01指标。

法人单位名称：同法人单位基本情况（物流统调1－1表）02指标。

货运量（01）：指报告期内企业购进、销售货物中，由各种运输工具实际运送到目的地并卸完的货物数量。以重量单位吨计算（以下同）。

自运货运量（02）：指报告期内由本企业自行完成运输的货物数量。

委托代理货运量（03）：指报告期内委托本单位以外的企业（单位）完成运输的货物数量。

企业物流成本（04）：指报告期内企业在购进、销售货物过程中发生的与物流业务相关的全部费用。

对外支付的物流成本（05）：指报告期内企业在购进、销售货物过程中，将物流业务以合同的方式委托给专业的物流公司运作所支付的费用。

配送、流通加工、包装成本（06）：指报告期内企业在购进、销售货物过程中，根据自身需要，要求物流服务提供方完成对物品的配送、流通加工、包装等作业所需支付的费用。

信息及相关服务成本（07）：指报告期内企业在购进、销售货物过程中，支付的信息处理费用，包括支付的外部信息处理费用和本单位内部的信息处理费。

仓储成本（08）：指报告期内企业在购进、销售货物过程中，为储存货物所支付的费用。

运输成本（09）：指报告期内企业在购进、销售货物过程中，由于物品运输而支付的全部费用。包括支付的运费、为运输发生的装卸搬运等辅助服务费、货运代理费等。

货物损耗成本（10）：指报告期内企业在购进、销售货物过程中，因物品损耗，包括破损维修与完全损毁而发生的价值丧失。同时也包括部分时效性要求高的物品因物流时间较长而产生的折旧贬值损失。

保险成本（11）：指报告期内企业在购进、销售货物过程中，为预防和减少因物品丢失、损毁造成的损失，与社会保险部门共同承担风险，向社会保险部门支付的物品财产保险费用。

利息成本（12）：指报告期内企业在购进、销售货物过程中，由于资金的占用而需承担的利息支出。

管理成本（13）：指报告期内生产和使用企业的物流管理部门，因组织和管理各项物流活动所发生的费用。主要包括管理人员报酬、办公费用、教育培训、劳动保险、车船使用等各种属于管理费用科目的费用。

购进总额（14）：指报告期内企业从本单位以外的单位和个人购进，供本单位消费使用的原材料、燃料、设备等物品的价值总量（含增值税）。

销售总额（15）：指报告期内企业对本单位以外的单位和个人销售的物品价值总量（含增值税）。

存货：指企业在日常生产经营过程中持有以备销售，或者仍然处在生产过程，或者在生产或提供劳务过程中将消耗的材料或物资等，包括各类材料、商品、在产品、半成品、产成品等。

年初存货（16）：根据会计“资产负债表”中“存货”项目的年初余额数填报。

年末存货（17）：根据会计“资产负债表”中“存货”项目的年末余额数填报。

附录2 核算参考表

社会物流总费用

表　　号：物流统调2－1表
制定机关：国家发展和改革委员会
中国物流与采购联合会
批准机关：国家统计局
批准文号：国统制〔2014〕79号
有效期至：2015年8月
计量单位：　亿元
201　年　月

费用支出 / 社会物流的物品		社会物流总费用总计	运输费用							保管费用										管理费用
			运输费用合计	铁路运输费用	公路运输费用	水上运输费用	航空运输费用	管道运输费用	装卸搬运及其他运输费用	保管费用合计	利息费用	仓储费用	保险费用	货物损耗费用	信息及相关服务费用	配送费用	流通加工费用	包装费用	其他保管费用	
		1	2	3	4	5	6	7	8	9	10	11	12	13	14	15	16	17	18	19
社会物流总额	01																			
一、农产品	02																			
1. 农业产品	03																			
2. 林业产品	04																			
3. 畜牧业产品	05																			
4. 渔业产品	06																			
二、工业品	07																			
1. 采矿业产品	08																			

续　表

费用支出／社会物流的物品		社会物流总费用总计	运输费用							保管费用										管理费用
			运输费用合计	铁路运输费用	公路运输费用	水上运输费用	航空运输费用	管道运输费用	装卸搬运及其他运输费用	保管费用合计	利息费用	仓储费用	保险费用	货物损耗费用	信息及相关服务费用	配送费用	流通加工费用	包装费用	其他保管费用	
		1	2	3	4	5	6	7	8	9	10	11	12	13	14	15	16	17	18	19
①煤炭开采和洗选业产品	09																			
②石油和天然气开采业产品	10																			
③黑色金属矿采选业产品	11																			
④有色金属矿采选业产品	12																			
⑤非金属矿采选业产品	13																			
⑥其他采矿业产品	14																			
2. 制造业产品	15																			
①农副食品加工业产品	16																			
⋮	⋮																			
其他制造业	46																			
三、外部流入货物	47																			
四、再生资源	48																			
五、单位与居民物品	49																			

说明：

①本表按当年价格计算，计算资料主要取自农业、工业、交通运输、仓储和邮政业、批发和零售业、海关统计等统计公报或年鉴资料和企业调查资料。

②本表社会物流的物品目录按现行《国民经济行业分类》细分到大类。

③本表平衡关系：

列 1 = 2 + 9 + 19

其中：2 = 3 + 4 + 5 + 6 + 7 + 8；9 = 10 + 11 + 12 + 13 + 14 + 15 + 16 + 17 + 18

行 01 = 02 + 07 + 47 + 48 + 49

其中：02 = 03 + 04 + 05 + 06；07 = 08 + 15；08 = 09 + 10 + 11 + 12 + 13 + 14；15 = 16 + … + 46

社会物流业务收入

表　　号：物流统调 2－2 表
制定机关：国家发展和改革委员会
　　　　　中国物流与采购联合会
批准机关：国家统计局
批准文号：国统制〔2014〕79 号
有效期至：2015 年 8 月
计量单位：亿元
201　年　月

收入名称 / 社会物流业务		物流业务收入合计	运输收入								保管收入							
			运输收入合计	铁路运输收入	公路运输收入	水上运输收入	航空运输收入	管道运输收入	装卸搬运和其他运输收入	运输附加收入	保管收入合计	配送收入	流通加工收入	包装收入	信息及相关服务收入	代理收入	仓储收入	其他保管收入
		1	2	3	4	5	6	7	8	9	10	11	12	13	14	15	16	17
社会物流业务总收入	01																	
铁路运输业	02																	
公路运输业	03																	
水上运输业	04																	
航空运输业	05																	
管道运输业	06																	
装卸搬运和其他运输服务业	07																	
仓储业	08																	
邮政业	09																	
批发业	10																	
零售业	11																	
商务服务业	12																	
包装服务业	13																	

说明：

①本表按当年价格计算，计算资料主要取自农业、工业、交通运输、仓储和邮政业、批发和零售业、海关统计等统计公报或年鉴资料和企业调查资料。

②本表社会物流的物品目录按现行《国民经济行业分类》细分到大类。

③本表平衡关系：

列 1 = 2 + 10

其中：2 = 3 + 4 + 5 + 6 + 7 + 8 + 9；10 = 11 + 12 + 13 + 14 + 15 + 16 + 17；

行 01 = 02 + 03 + 04 + 05 + 06 + 07 + 08 + 09 + 10 + 11 + 12，

其中：12 = 13

附录3 从事社会物流服务活动涉及的相关行业[①]

代码			行业	说明
51			批发业	指向其他批发或零售单位（含个体经营者）及其他企事业单位、机关团体等批量销售生活用品、生产资料的活动，以及从事进出口贸易和贸易经纪与代理的活动，包括拥有货物所有权，并以本单位（公司）的名义进行交易活动，也包括不拥有货物的所有权，收取佣金的商品代理、商品代售活动；本类还包括各类商品批发市场中固定摊位的批发活动，以及以销售为目的的收购活动
52			零售业	指百货商店、超级市场、专门零售商店、品牌专卖店、售货摊等主要面向最终消费者（如居民等）的销售活动，以互联网、邮政、电话、售货机等为方式的销售活动，还包括在同一地点，后面加工生产，前面销售的店铺（如面包房）；谷物、种子、饲料、牲畜、矿产品、生产用原料、化工原料、农用化工产品、机械设备（乘用车、计算机及通信设备除外）等生产资料的销售不作为零售活动；多数零售商对其销售的货物拥有所有权，但有些则是充当委托人的代理人，进行委托销售或以收取佣金的方式进行销售

① 从事社会物流服务活动涉及的相关行业，参照《国民经济行业分类》（GB/T 4754—2011）。

续 表

代码			行业	说明
53			铁路运输业	指铁路客运、货运及相关的调度、信号、机车、车辆、检修、工务等活动不包括铁路系统所属的机车、车辆及信号通信设备的制造厂（公司）、建筑工程公司、商店、学校、科研所、医院等
	532	5320	铁路货物运输	
	533		铁路运输辅助活动	
		5332	货运火车站	
		5339	其他铁路运输辅助活动	指铁路旅客、货物运输及为其服务的客、货运火车站以外的运输网、信号、调度及铁路设施的管理和养护
54			道路运输业	
	543	5430	道路货物运输	指所有道路的货物运输活动
	544		道路运输辅助活动	指与道路运输相关的运输辅助活动
		5449	其他道路运输辅助活动	
55			水上运输业	
	552		水上货物运输	
		5521	远洋货物运输	
		5522	沿海货物运输	
		5523	内河货物运输	指江、河、湖泊、水库的水上货物运输活动
	553		水上运输辅助活动	
		5532	货运港口	
		5539	其他水上运输辅助活动	指其他未列明的水上运输辅助活动
56			航空运输业	
	561		航空客货运输	
		5612	航空货物运输	指以货物或邮件为主的航空运输活动
	562	5620	通用航空服务	指除客货运输以外的其他航空服务活动
	563		航空运输辅助活动	

续 表

代码			行业	说明
		5639	其他航空运输辅助活动	指其他未列明的航空运输辅助活动
57			管道运输业	
	570	5700	管道运输业	指通过管道对气体、液体等的运输活动
58			装卸搬运和其他运输服务业	
	581	5810	装卸搬运	
	582	5820	运输代理服务	指与运输有关的代理及服务活动
		5821	货物运输代理	
		5829	其他运输代理业	
59			仓储业	指专门从事货物仓储、货物运输中转仓储，以及以仓储为主的货物送配活动，还包括以仓储为目的的收购活动
	591		谷物、棉花等农产品仓储	
		5911	谷物仓储	指国家储备及其他谷物仓储活动
		5912	棉花仓储	指棉花加工厂仓储、中转仓储、棉花专业仓储、棉花物流配送活动，还包括在棉花仓储、物流配送过程中的棉花信息化管理活动
		5919	其他农产品仓储	指未列明的其他农产品仓储活动
	599	5990	其他仓储业	
60			邮政业	
	601	6010	邮政基本服务	指邮政企业提供的信件、印刷品、包裹、汇兑等邮政服务，以及国家规定的其他邮政服务；不包括邮政快递服务
	602	6020	快递服务	指在承诺的时限内快速完成的寄递服务
72			商务服务业	
	729		其他商务服务业	
		7293	包装服务	指有偿或按协议为客户提供的包装服务

附录4　物流环境附表

附表4－1　　主要国家物流成本弱相关指标排序分数

指标＼国家	中国	美国	日本	德国	法国	英国	意大利	加拿大	俄罗斯	巴西	印度	南非
总人口	100.0	99.1	95.8	93.4	91.1	90.1	89.7	83.1	96.2	98.1	99.5	88.7
国土面积（km^2）	98.6	99.1	71.4	70.4	77.9	63.4	66.7	99.5	100.0	98.1	97.2	89.2
GDP（＄当年）	99.5	100.0	99.0	98.4	97.9	97.4	96.3	94.8	95.8	96.9	95.3	84.8
GDP－PPP（当年国际＄）	99.5	100.0	98.4	97.9	96.3	95.8	94.7	92.6	97.4	96.8	98.9	86.2
GNI（图表集法＄）	99.5	100.0	98.9	98.4	97.8	97.3	96.8	94.6	95.1	96.2	95.7	85.4
外汇储备（含黄金）	100.0	98.3	99.4	93.9	92.2	87.8	91.7	85.6	97.8	96.7	95.6	82.2
货物服务出口（BoP＄）	99.4	100.0	98.3	98.9	97.7	97.2	95.5	93.2	94.9	88.6	92.0	80.1
人均可耕地面积（hm^2）	32.7	93.2	17.6	53.7	79.5	38.0	46.3	99.0	97.6	84.9	49.3	70.7
消费者价格指数	52.8	81.7	98.9	91.1	93.3	57.8	80.6	88.3	25.6	32.2	15.6	27.2
消费物价通货膨胀率	55.6	82.8	100.0	90.6	92.8	56.1	81.7	88.3	25.6	31.1	11.7	35.0
营养欠缺度	37.6	96.5	57.2	94.2	94.2	92.5	96.5	87.3	74.6	43.4	25.4	72.8

附表4－2　　主要国家物流成本相关总量指标排序分数A

指标＼国家	中国	美国	日本	德国	法国	英国	意大利	加拿大	俄罗斯	巴西	印度	南非
公路里程（千公里）	98.1	100.0	85.8	92.5	96.2	89.6	—	—	95.3	97.2	99.1	—
铁路里程（千公里）	97.6	100.0	85.7	94.0	92.9	82.1	83.3	95.2	98.8	91.7	96.4	86.9
航空运输，货运（万吨公里）	99.4	100.0	96.2	96.8	93.6	94.9	80.3	89.2	91.7	86.0	87.9	83.4
航空运输载客人数	99.4	100.0	97.5	98.1	93.0	98.7	86.6	94.3	91.1	96.2	94.9	81.5
全球航空运输注册载体离境	99.4	100.0	96.2	97.5	95.5	98.1	89.2	98.7	93.0	96.8	94.9	82.8
港口运输集装箱（20ft 当量）	100.0	99.2	95.1	93.4	80.3	88.5	89.3	78.7	74.6	86.9	90.2	77.0
固定宽带互联网用户	100.0	99.5	99.0	98.5	98.0	97.5	95.1	93.6	97.0	96.1	95.6	74.9
高科技出口（US $）	100.0	98.7	97.4	99.4	96.2	95.5	91.0	90.4	81.4	82.7	85.3	73.1
ICT 服务出口（$）	96.1	100.0	92.3	98.7	97.4	99.4	92.9	93.5	89.0	89.7	98.1	67.7
手机用户	100.0	99.0	97.0	93.5	89.6	91.5	94.5	82.6	97.5	98.0	99.5	90.5
非居民专利申请	99.0	100.0	98.1	90.5	77.1	87.6	72.4	95.2	92.4	94.3	96.2	86.7
居民专利申请	100.0	98.1	99.0	96.2	93.3	94.3	91.4	89.5	95.2	88.6	92.4	65.7
铁路货物运量（百万吨公里）	100.0	98.8	77.5	88.8	82.5	76.3	68.8	95.0	97.5	93.8	96.3	90.0
铁路客运量（百万乘客公里）	98.8	72.8	97.5	93.8	95.1	92.6	90.1	51.9	96.3	—	100.0	82.7
安全的网络服务器	86.5	100.0	99.0	98.1	96.1	98.6	93.7	97.1	89.4	92.8	87.0	87.4
科技期刊本书	100.0	—	99.5	98.4	97.9	98.9	97.3	—	94.1	93.6	95.7	83.4
居民商标直接申请	100.0	98.9	93.6	90.4	92.6	83.0	86.2	78.7	85.1	95.7	97.9	77.7

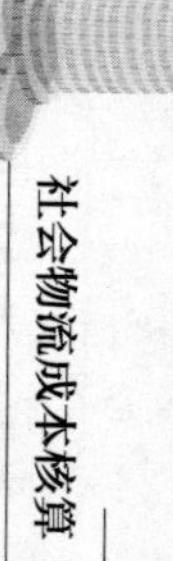

续 表

指标 \ 国家	中国	美国	日本	德国	法国	英国	意大利	加拿大	俄罗斯	巴西	印度	南非
非居民商标直接申请	100.0	98.9	86.2	60.6	59.6	70.2	50.0	96.8	84.0	95.7	94.7	89.4
知识产权使用费支出（BoP，US $）	97.3	99.3	98.0	93.9	95.9	95.2	92.5	96.6	93.2	89.8	89.1	86.4
知识产权使用费收入（BoP，US $）	85.7	100.0	99.2	96.8	98.4	97.6	93.7	92.1	82.5	81.7	79.4	69.0
服务出口（$）	97.7	100.0	96.0	98.9	98.3	99.4	93.8	91.5	88.6	84.1	97.2	75.0
服务进口（$）	98.9	100.0	97.2	99.4	98.3	97.7	94.9	94.3	93.2	90.9	96.6	77.8
电话数量	100.0	99.5	99.0	98.5	97.1	96.1	94.1	92.7	97.6	98.0	95.6	85.9

附表 4－3　主要国家物流成本相关比率指标排序分数 A

指标 \ 国家	中国	美国	日本	德国	法国	英国	意大利	加拿大	俄罗斯	巴西	印度	南非
人均 GDP（$当年）	50.8	93.2	89.0	89.5	88.5	88.0	85.9	93.7	70.2	67.0	22.5	59.2
人均 GDP－PPP（当年国际$）	49.2	94.7	84.1	89.9	86.2	85.7	84.7	88.9	74.6	59.8	31.7	55.0
服务业增加值占 GDP	20.7	89.7	80.5	71.8	90.2	90.8	83.3	77.0	50.6	69.0	42.0	71.3
政府消费比 GDP	35.3	47.6	80.6	70.0	91.8	84.1	77.6	88.8	68.8	85.3	26.5	88.2
总消费比 GDP	5.3	57.3	48.0	31.0	43.3	59.1	48.5	36.3	18.7	53.2	20.5	50.3

续 表

指标＼国家	中国	美国	日本	德国	法国	英国	意大利	加拿大	俄罗斯	巴西	印度	南非
人均 GNI（图表集法 $）	52.4	94.6	90.8	91.4	89.7	88.6	87.6	92.4	69.7	68.6	23.8	58.9
人均 GNI - PPP（国际 $）	51.4	94.6	85.9	90.8	88.1	87.0	84.9	89.7	75.1	60.0	31.4	55.7
GNI 增速	95.5	27.3	25.8	25.0	17.4	—	6.8	31.1	37.1	42.4	80.3	34.1
教育支出比 GNI	7.9	64.0	32.6	66.3	74.7	79.8	55.1	71.9	38.2	76.4	29.8	75.8
海关程序效率（世界经济论坛，1 最低，7 最高）	63.8	72.5	78.5	81.2	77.2	85.9	53.7	80.5	10.7	6.0	45.0	61.1
每百户固定宽带互联网用户	67.0	88.7	89.2	93.6	97.0	94.6	79.3	91.1	70.9	59.6	34.0	41.4
高科技出口占货物出口	93.4	86.2	84.9	81.6	91.4	88.2	55.3	77.0	61.2	71.1	53.9	38.2
ICT 产品出口占货物出口	98.1	87.2	86.5	76.9	75.6	77.6	68.6	71.2	34.6	52.6	67.3	55.1
ICT 服务出口占服务出口百分比	74.2	54.8	58.1	83.2	77.4	84.5	75.5	87.7	72.9	94.2	98.7	25.2
每百人上网数	53.5	86.6	92.1	91.6	89.6	95.5	69.3	93.1	68.8	60.9	23.3	50.0
每百人手机	28.9	44.3	55.7	64.2	44.8	77.1	92.5	30.8	91.0	73.1	26.4	77.6
每百人电话	61.5	87.8	92.2	97.1	98.0	94.1	78.0	92.7	74.1	64.4	22.4	38.0
每千人机动车辆	15.2	97.1	87.6	81.0	81.9	70.5	91.4	—	—	—	—	36.2
每千人轿车	19.8	67.9	74.5	88.7	83.0	75.5	94.3	—	—	—	—	34.0
法制力度	39.0	98.4	43.9	71.7	39.0	91.4	21.9	81.3	39.0	21.9	74.9	69.0

续 表

指标 \ 国家	中国	美国	日本	德国	法国	英国	意大利	加拿大	俄罗斯	巴西	印度	南非
创办企业成本比人均（GNI）	19.3	9.6	36.9	30.5	7.0	2.7	55.1	2.1	14.4	28.3	73.8	10.7
港口基础设施的质量（1～7）	62.4	89.3	79.9	94.6	85.2	91.3	50.3	90.6	40.3	10.7	47.7	69.8
每百万人的安全网络服务器	25.6	92.8	85.0	87.9	80.2	90.8	72.5	88.9	52.7	56.5	26.1	60.9
千克油均 GDP（PPP $）	12.2	34.4	58.0	71.8	59.5	81.7	87.8	22.1	10.7	67.9	44.3	8.4
道路密度（每 100km^2 路长）（km）	50.9	61.3	67.9	86.8	89.6	84.0	—	—	8.5	30.2	81.1	—
铺设路面所占比例	44.4	—	—	—	100.0	100.0	—	—	—	6.2	39.5	—
运输服务占服务出口	49.7	31.4	73.4	59.8	54.4	29.0	36.1	42.6	74.6	40.2	28.4	27.8
研发成本占 GDP（%）	82.1	91.6	95.8	93.7	87.4	80.0	71.6	81.1	68.4	69.5	62.1	58.9
从事研发的研究人员（每百万人口）	51.7	81.6	89.7	82.8	80.5	83.9	63.2	87.4	73.6	43.7	25.3	34.5
新能源与核能消耗占比	48.9	75.6	71.1	77.0	97.8	72.6	62.2	86.7	68.1	80.0	42.2	40.0
商务信息披露指数（1 低，10 高）	100.0	82.4	81.8	49.7	94.7	100.0	81.8	90.9	59.9	49.7	69.5	90.9
电子联络需要天数	11.5	—	—	—	—	—	—	—	100.0	—	—	—
服务业就业占总就业比例	5.9	94.1	71.3	73.3	80.2	92.1	68.3	—	—	54.5	0.0	51.5

续　表

指标＼国家	中国	美国	日本	德国	法国	英国	意大利	加拿大	俄罗斯	巴西	印度	南非
外商直接投资比 GDP	63.1	25.1	2.7	30.5	16.6	33.2	7.0	43.3	50.3	51.9	24.1	20.9
对外直接投资比 GDP	69.2	82.5	76.2	86.7	72.0	74.8	66.4	84.6	88.1	44.8	47.6	49.0
班轮运输的连接性指数（2004 = 100 的最大值）	100.0	95.5	91.6	96.8	93.5	94.8	92.3	81.9	74.8	77.4	85.2	78.1
服务贸易/GDP	4.7	9.4	2.9	33.9	39.2	47.4	15.8	18.1	13.5	1.8	29.2	14.6
每立方米水 GDP（2005 $）	35.5	65.7	75.9	88.0	83.7	95.8	69.9	66.3	50.0	51.2	9.6	62.0

附表 4－4　　主要国家物流成本相关总量指标排序分数 B

指标＼国家	中国	美国	日本	德国	法国	英国	意大利	加拿大	俄罗斯	巴西	印度	南非
从国外收入（US $）	97.7	100.0	0.0	0.6	1.7	—	82.7	96.5	99.4	98.3	94.2	87.9
能耗（千吨标准油）	0.0	0.7	3.0	3.7	5.9	8.9	11.1	6.7	2.2	4.4	1.5	11.9
对外直接投资净值	100.0	0.0	0.6	1.1	4.6	86.9	4.0	10.9	6.9	99.4	96.0	82.9
公路部门柴油消耗（千吨油当量）	0.8	0.0	5.3	3.8	3.0	6.8	6.1	7.6	9.1	2.3	1.5	17.4
公路部门能耗（千吨油当量）	0.7	0.0	1.5	3.0	6.7	8.1	8.9	5.2	5.9	2.2	4.4	15.6

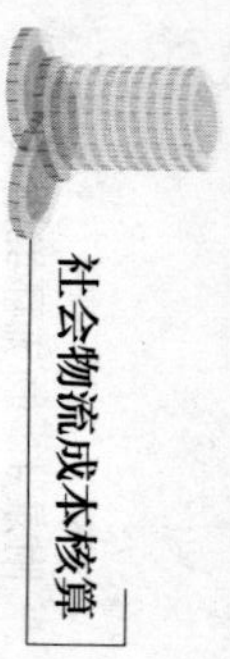

续 表

指标 \ 国家	中国	美国	日本	德国	法国	英国	意大利	加拿大	俄罗斯	巴西	印度	南非
公路部门汽油消耗（千吨油当量）	0.7	0.0	1.5	6.7	14.8	8.9	11.1	3.7	2.2	5.2	8.1	11.9
公路货物运量（百万吨公里）	100.0	—	92.1	96.8	95.2	79.4	81.0	77.8	88.9	—	98.4	—
公路客运量（百万乘客公里）	1.6	0.0	—	3.1	4.7	7.8	6.3	—	21.9	—	—	—
农业用地（平方公里）	0.0	0.5	44.4	25.1	17.4	24.6	29.5	6.8	1.9	1.4	2.9	5.8
存货变动（当年＄）	0.0	1.3	100.0	99.4	11.3	6.3	8.8	9.4	1.9	22.5	0.6	35.0
能源产量（千吨标准油）	0.0	0.7	28.1	17.0	14.8	16.3	36.3	3.7	1.5	7.4	3.0	11.9
工业增加值（2005＄）	0.6	0.0	1.3	1.9	3.8	2.5	4.4	—	6.3	8.1	5.0	18.8
工业增加值（＄）	0.0	0.6	1.1	1.7	3.4	4.0	4.6	5.7	2.3	2.9	5.1	20.0
货物出口（US＄）	0.0	0.5	1.5	1.0	2.5	4.5	3.5	6.1	4.0	10.1	9.1	19.7
货物进口（US＄）	0.5	0.0	1.5	1.0	2.0	2.5	4.1	5.1	8.1	10.2	5.6	15.2
货物净出口	0.0	100.0	90.3	0.6	97.7	99.4	17.0	83.5	1.7	13.6	98.9	28.4
货物和服务净出口	0.0	100.0	97.7	0.6	97.2	98.9	25.6	96.6	1.7	96.0	99.4	79.0
马德里体系商标申请	0.0	1.2	4.8	15.7	22.9	20.5	24.1	—	2.4	—	—	—
商标总申请量	0.0	0.8	3.8	7.6	6.1	13.6	12.1	10.6	9.1	2.3	1.5	15.9

附表 4-5　　**主要国家物流成本相关比率指标排序分数 B**

指标＼国家	中国	美国	日本	德国	法国	英国	意大利	加拿大	俄罗斯	巴西	印度	南非
GDP 增速	5.8	68.8	72.0	69.8	81.0	78.3	93.7	67.2	54.0	52.4	15.3	60.8
人均 GDP 增速	98.4	38.8	48.9	54.8	27.7	28.7	9.0	37.2	62.8	57.4	89.4	39.4
农业增加值占 GDP	57.0	10.5	9.3	8.7	15.7	4.7	18.0	13.4	33.1	39.5	72.1	23.3
制造业增加值占 GDP	1.9	46.6	12.4	5.6	57.8	60.9	28.6	59.0	29.8	32.9	34.2	47.2
工业增加值占 GDP	10.5	72.1	51.7	32.6	76.2	73.8	61.6	44.2	22.1	50.6	52.3	39.5
税收比 GDP	86.3	89.3	90.8	83.2	22.9	8.4	19.1	82.4	63.4	58.8	88.5	6.9
总储蓄比 GDP	2.6	66.0	39.2	28.1	46.4	76.5	54.2	47.7	20.9	64.1	12.4	67.3
总储蓄比 GNI	2.6	69.9	43.1	30.1	48.4	78.4	60.8	46.4	20.9	65.4	13.1	66.7
国民净储蓄比 GNI	4.7	75.3	82.7	44.7	69.3	84.0	86.7	57.3	11.3	68.0	14.7	78.0
颗粒物排放损害比 GNI	8.2	80.1	80.7	67.3	72.5	77.2	50.9	93.6	17.0	25.7	9.9	63.2
自然资源损失比 GNI	41.4	69.8	95.9	87.0	94.7	67.5	83.4	54.4	20.7	43.8	43.2	37.3
外汇储备比月进口	1.8	83.1	3.6	86.1	82.5	91.0	74.1	89.8	5.4	6.0	18.1	44.6
固定资本消耗比 GNI	45.9	29.7	0.0	18.4	23.8	39.5	5.4	20.0	93.5	31.4	61.6	25.4
货物服务出口比 GDP	70.2	94.4	92.1	38.8	71.9	65.2	72.5	64.6	66.9	95.5	80.9	64.0
每集装箱出口成本	89.8	54.5	72.2	67.9	39.6	63.1	46.0	23.5	11.2	16.0	49.7	25.1
每集装箱进口成本	93.0	55.1	67.4	74.3	46.5	67.9	61.0	32.6	14.4	21.4	56.1	27.3
经营适宜指数（好 1～189 差）	51.9	96.8	86.1	93.6	84.0	95.7	71.7	92.0	67.4	36.4	24.6	79.7

续 表

指标＼国家	中国	美国	日本	德国	法国	英国	意大利	加拿大	俄罗斯	巴西	印度	南非
通电需要时间	18.7	62.6	41.7	97.3	58.8	35.8	28.9	16.6	4.8	79.7	56.1	5.9
公路每公里车辆	80.7	54.2	6.0	20.5	56.6	19.3	—	—	—	—	—	—
ICT 产品进口占比	3.1	7.5	9.9	19.3	30.4	18.6	29.2	21.7	22.4	14.3	34.2	17.4
总税负比商业利润	12.8	31.0	25.1	28.9	10.7	59.9	10.2	90.9	26.2	9.6	13.4	74.9
柴油价格（美元每升）	50.0	72.1	27.9	9.3	11.0	1.2	2.9	51.2	79.1	61.6	82.0	37.2
汽油价格（美元每升）	55.6	85.4	13.5	9.4	8.8	4.7	2.3	52.6	83.0	38.6	61.4	51.5
煤电所占比例	5.2	17.0	25.2	14.1	43.7	23.0	31.9	37.0	32.6	48.1	8.1	2.2
能源进口比能源消耗	60.7	53.3	7.4	22.2	34.1	42.2	11.9	77.8	79.3	62.2	45.9	69.6
人均耗电（kwh）	45.1	6.0	13.5	16.5	15.8	26.3	27.8	2.3	19.5	51.9	78.9	32.3
人均能耗（kg 油）	42.2	7.4	21.5	20.7	20.0	25.2	30.4	6.7	14.1	52.6	79.3	31.1
1000 美元 GDP（2005）耗能（kg）	12.2	32.8	58.0	71.8	59.5	80.2	87.8	21.4	11.5	67.2	45.0	8.4
人均公路部门柴油消耗（千克油当量）	66.7	15.2	41.7	23.5	9.1	21.2	18.2	7.6	58.3	46.2	84.8	53.0
公路部门能耗占总能耗（%）	86.7	21.5	60.0	52.6	51.1	37.8	31.1	34.8	84.4	18.5	83.7	76.3
人均公路部门能耗（千克油当量）	73.3	1.5	25.9	20.7	19.3	22.2	21.5	2.2	42.2	43.7	86.7	46.7

续　表

指标＼国家	中国	美国	日本	德国	法国	英国	意大利	加拿大	俄罗斯	巴西	印度	南非
人均公路部门汽油消耗（千克油当量）	69.6	0.0	14.8	25.2	48.1	24.4	36.3	1.5	23.0	51.9	88.9	34.8
运输服务占进口服务	57.6	85.9	65.3	77.1	73.5	90.6	77.6	82.4	93.5	89.4	36.5	40.0
交通运输 CO_2 排放量（占总量的百分比）	96.3	40.7	72.6	71.9	32.6	57.8	50.4	39.3	81.5	19.3	95.6	87.4
国际贸易比 GDP	84.8	99.4	97.8	50.6	80.9	75.8	83.7	76.4	87.1	100.0	85.4	78.1
所有产品的简单平均约束税率	63.4	95.9	97.6	74.0	74.0	74.0	74.0	73.2	—	36.6	—	48.8
经常账户余额占 GDP（%）	20.5	45.6	24.0	11.7	37.4	47.4	36.8	48.5	17.5	43.9	49.7	52.6
农业就业占总就业比例	16.0	90.0	76.0	92.0	84.0	95.0	75.0	—	—	42.0	4.0	68.0
工业就业占总就业比例	14.9	82.2	27.7	18.8	40.6	65.3	17.8	—	—	41.6	34.7	30.7
货物服务顺差比 GDP	25.8	48.3	38.8	19.7	43.8	43.3	33.7	42.1	15.7	41.0	51.1	37.1
总消费增速	18.6	75.9	73.1	77.9	81.4	82.1	93.8	68.3	9.7	43.4	21.4	57.9
见税务官要送礼的企业占比	35.6	—	—	—	—	—	—	—	49.4	—	—	—
基尼系数	39.3	34.8		79.8		43.8	55.1	64.0		6.7	61.8	0.0
给官员非正当支付企业占比	59.8	—	—	—	—	—	—	—	27.6	—	—	—
每10万人故意杀人犯数量	87.9	49.2	99.5	93.0	86.4	84.9	89.9	78.4	28.6	8.5	58.8	5.5

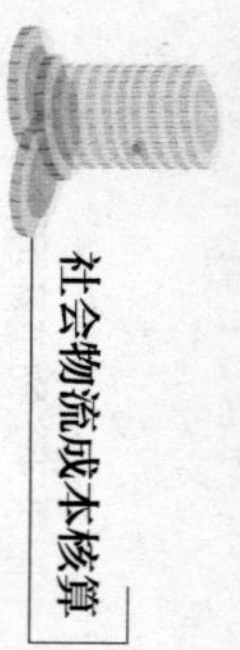

续 表

指标 \ 国家	中国	美国	日本	德国	法国	英国	意大利	加拿大	俄罗斯	巴西	印度	南非
制造业出口占货物出口	0.6	32.9	2.5	8.7	14.3	30.4	9.3	44.7	70.8	53.4	33.5	45.3
制造品进口比货物进口	68.3	26.1	88.2	36.0	24.2	38.5	55.9	13.0	6.8	18.6	93.2	44.7
公司与税务人员会面平均次数	57.5	—	—	—	—	—	—	—	62.1	—	—	—
启动程序注册企业需要天数	3.7	63.1	34.2	25.1	75.9	63.1	69.5	99.5	55.1	7.0	9.6	73.3
税种数量	94.1	79.7	71.7	80.2	85.6	85.6	69.5	85.6	93.6	81.8	27.8	92.0
出口时间	39.0	98.4	80.7	91.4	82.9	93.0	44.4	93.0	32.6	71.1	55.6	44.4
进口时间	40.1	97.3	79.1	93.0	79.1	95.7	54.5	82.4	44.9	59.9	47.1	31.0
停电损失比销售收入	67.8	—	—	—	—	—	—	—	57.5	—	—	—

参与者调查问卷

作为社会物流环境研究参与者主观认识辅助数据，需要对社会物流成本有一定研究的专家对物流成本影响因素做出判断。因此，请对表中的45个指标在物流成本影响中的重要性表态，认为重要的填写“5”，认为不重要的填写“1”，认为中立不好判断或说不清楚的填写“3”。感谢您的配合。

项目	指标	判断（1，2，3，4，5）
物流业发展指数	公路里程（千公里）	
	铁路里程（千公里）	
	航空运输，货运（万吨公里）	
	港口运输集装箱（20ft当量）	
	铁路货物运量（百万吨公里）	
	科技期刊本书	
	人均GDP（$当年）	
	服务业增加值占GDP	
	总消费比GDP	
	人均GNI（图表集法$）	
	GNI增速	
	海关程序效率（世界经济论坛，1最低，7最高）	
	高科技出口占货物出口	
	ICT产品出口占货物出口	
	每百人上网数	
	每百人手机	
	每千人机动车辆	

续 表

项目	指标	判断（1，2，3，4，5）
物流业发展指数	港口基础设施的质量（1~7）	
	道路密度（每 100km^2 路长）（km）	
	铺设路面所占比例	
	运输服务占服务出口	
	研发成本占 GDP（%）	
	从事研发的研究人员（每百万人口）	
	公路货物运量（百万吨公里）	
	人均 GDP 增速	
	农业增加值占 GDP	
	制造业增加值占 GDP	
	工业增加值占 GDP	
	税收比 GDP	
	颗粒物排放损害比 GNI	
	货物服务出口比 GDP	
	每集装箱出口成本	
	每集装箱进口成本	
	公路每公里车辆	
	总税负比商业利润	
	柴油价格（美元每升）	
	汽油价格（美元每升）	
	煤电所占比例	
	能源进口比能源消耗	
	1000 美元 GDP（2005）耗能（kg）	
	公路部门能耗占总能耗（%）	
	交通运输 CO_2 排放量（占总量的百分比）	
	国际贸易比 GDP	
	见税务官要送礼的企业占比	
	给官员非正当支付企业占比	

后 记

在项目研究期间，北京物资学院的邬跃、张旭凤、王成林、姜旭等教授在研究方向上给予了很多建议和帮助；北京物资学院的田雪、刘俐老师给予了工作上的帮助和支持；北京大学光华管理学院王子明老师就项目给出了很多有建设性的意见，本书写就之际，向几位老师表达诚挚的谢意。

博士后期间，与杨龙见、许骞、鄢莉莉、金仁仙、王军礼等北京大学博士后进行了多个方面问题的讨论，开拓了作者的视野。他们对本书的研究工作提出诸多建议，在此表示感谢！

博士生廖博、王曼、陈立洋、郝兆伟、种法辉在课题项目中的辛勤工作和聪明睿智确保了项目的顺利运行，与他们经常而广泛的讨论使我获益良多，并促进了项目研究方法的设计工作。在此表示衷心的感谢，并祝各位早日毕业！与马赛、范田森子、王永富老师在项目中进行了真诚的合作，祝他们工作顺利！

衷心感谢博士生导师吴祈宗教授，吴老师多次问及笔者博士后工作的进展，并对笔者提出了鼓励与支持，促进了科研的进行。最后，任何言语也不能表达对我深爱着的父母的无限感激，正是他们长期以来所提供的无私的帮助，使我顺利完成博士后工作。父母源源不断给予的鼓励和支持，让我充满信心地面对未来。

本书研究期间得到中国物流与采购联合会重点课题和德国邮政 DHL（敦豪快递）的项目资助，得到中国物流信息中心的信息分享，在此表示郑重感谢！

作者

2016 年 2 月